Basel im Wandel   Band 3
Bâle change de visage
The changing face of Basle

Basel im Wandel
Bâle change de visage
The changing face of Basle

Band 3

Zeichnungen und Text
von Hans Bühler

Birkhäuser Verlag
Basel, Boston, Stuttgart

Basel im Wandel/Bâle change de visage/The changing face of Basle, Band 1
Mit einem Vorwort von Hans Lanz
2. Auflage 1970. 108 Seiten, 48 Zeichnungen, 1 Stadtplan

Basel im Wandel/Bâle change de visage/Basilea, metamorfosi di un città, Band 2
Mit einem Vorwort von Gustaf Adolf Wanner
1973. 108 Seiten, 48 Zeichnungen, 1 Stadtplan

Französische Übersetzung: Nicole Ramseyer
Englische Übersetzung: Eileen Walliser

CIP-Kurztitelaufnahme der Deutschen Bibliothek
Bühler, Hans:
Basel im Wandel = Bâle change de visage = The changing face of Basle / Zeichn. u. Text von Hans Bühler. – Basel: Birkhäuser.
Bd. 3. [Franz. Übers.: Nicole Ramseyer. Engl. Übers.: Eileen Walliser]. – 1979.
ISBN 3-7643-1087-1

© Birkhäuser Verlag Basel, 1979
Gesamtherstellung: Birkhäuser AG, Basel
Fotolithos: Steiner + Co. AG, Basel
Gestaltung: Albert Gomm, swb/asg, Basel
ISBN 3-7643-1087-1

Vorwort

Hans Bühler, mein anregender Zeichenlehrer am Mathematisch-Naturwissenschaftlichen Gymnasium, wusste in seinen Schülern unbestechlich treue Wiedergabe mit der inneren Anteilnahme am Objekt zu kultivieren. In diesem Sinne wirkte er auch in seiner Freizeit – und nun im Ruhestand – seit über vierzig Jahren als ‹zeichnender Chronist› seiner Vaterstadt.

Wer sein Werk in Ausstellungen oder im Basler Staatsarchiv, wo es vorläufig deponiert ist, eingehend betrachtet, wird Gleiches empfinden: Bei aller zeichentechnisch kühlen Perfektion ein ausdauerndes, überzeugtes Engagement für die bedrohte Baukultur unserer Stadt. Engagierte Perfektion lässt ihn an herausfordernden Standorten des Basler Stadtbildes zeichnen, bei Wind und Wetter ... und wenn nötig bis über hundert Arbeitsstunden pro Zeichenblatt!

Es ist ihm künstlerisches Bedürfnis und stadtbürgerliche Verpflichtung zugleich, wenn er Basels Bauten aus teilnehmender Perspektive porträtiert, mit dem behutsam feinen Strich, der im Betrachter die Lust am eigenen Entdecken der Bauformen weckt und zugleich die Liebe zu den reizvollen Details; sie verleihen Basel die anregende Vielfalt eines Kulturraums, der auf den reichen Siedlungsformen der Vergangenheit gründet. Wie lange noch?

Vielleicht wird diese elegische Frage durch den vorliegenden dritten Band von ‹Basel im Wandel› andeutungsweise beantwortet. Wieder führt uns der Autor durch eine Stadt im Wandel der Gegenwart. Anhand seiner treffend kommentierten Zeichnungen werden wir vom Kleinbasel hinüber durch das St.-Peters-Viertel zum Marktplatz geleitet, danach zum Stadttheater, durch das Steinen- und das Aeschenquartier in die Vorstädte ausserhalb der Grossbasler City. Der aktuelle Prozess der Stadterneuerung, der Verdrängung traditioneller Bausubstanz durch Neuformen geht weiter, aber nicht mehr ungebrochen. Die Bemühungen eines Hans Bühler, des Heimatschutzes und einer wachsam gewordenen Öffentlichkeit beginnen sichtbar Früchte zu tragen, denn neben zahlreichen Zeugen des Abbruchs darf man sich auch an Erhaltengebliebenem freuen: Thomas-Platter-Haus, St.-Alban-Tal, Haus ‹Zum Kempfen›, Marktplatz!

Ausser diesen hoffnungsvollen Zeichen vermittelt der vorliegende Band zudem meisterhafte Darstellungen des jahreszeitlichen Rhythmus der Stadt; so dürften beispielsweise die atmosphärisch überzeugenden Wintersujets jeden Kenner der Stadt unmittelbar ansprechen.

Möge es Hans Bühler durch sein zeichnerisches Werk zunehmend gelingen, das Ausmass der gegenwärtigen Veränderungen im Stadtbild bewusst zu machen und die Verantwortung seiner Mitbürger für den baulichen Reichtum Basels zu stärken.

Werner A. Gallusser

Préface

Hans Bühler, mon professeur de dessin au gymnase scientifique, savait faire naître chez ses élèves le goût de la reproduction exacte mais non dépourvue d'émotion face à l'objet. C'est d'ailleurs dans l'esprit de ces deux exigences qu'il a, en tant que ‹chroniqueur illustrateur› de sa ville natale, consacré ses loisirs, et maintenant sa retraite, à son art pendant plus de quarante ans.
Où qu'elle se trouve, exposée ou provisoirement déposée aux archives de l'Etat, son œuvre éveille la même impression chez tout observateur attentif: celle d'une technique parfaite, froide mais néanmoins doublée d'un authentique engagement pour l'architecture menacée de notre ville ... Ce qui l'incite à dessiner par tous les temps aux endroits les plus controversés de la cité et, si besoin est, de consacrer plus de cent heures de travail par dessin!
Quand Hans Bühler, touché par les multiples visages de l'architecture bâloise, en trace les contours de ses traits fins et délicats, faisant partager ainsi au spectateur sa joie de la découverte des formes et aussi son amour du détail, c'est à la fois l'artiste avec son besoin de s'exprimer et le citoyen citadin conscient de son devoir qui nous parlent ... Et, témoins de la richesse, de la variété et de l'architecture d'autrefois, ses œuvres confèrent à la ville de Bâle le cachet d'un environnement culturel animé et multiple. Pour combien de temps encore ...? Ce troisième volume de ‹Bâle change de visage› constitue peut-être l'amorce d'une réponse à cette question élégiaque. Une fois de plus l'auteur nous invite à flâner dans une ville en pleine mutation: au gré de ses dessins, commentés avec beaucoup d'à-propos, il nous conduit du Petit-Bâle à la place du Marché en passant par le quartier de Saint-Pierre, puis au Théâtre municipal et les quartiers de la Steinen et de la Aeschen, pour aboutir enfin dans les faubourgs extérieurs de la cité du Grand-Bâle. La tendance actuelle visant à moderniser la cité par la destruction pure et simple du patrimoine architectural au profit de nouvelles formes se poursuit, non sans difficultés il est vrai. Car tant les efforts de Hans Bühler que ceux du Service de la protection des lieux et des sites (Heimatschutz), soutenus par une prise de conscience toujours plus large de la part du public, semblent enfin porter leurs fruits. C'est ainsi qu'à côté de nombreuses démolitions, nous trouvons aujourd'hui des exemples de préservations dont nous ne pouvons que nous réjouir: la maison Thomas Platter, le vallon de Saint-Alban, la maison ‹Zum Kempfen›, et la place du Marché!
Outre ces indices, qui permettent de garder quelque espoir, le présent ouvrage illustre avec beaucoup de talent et de maîtrise le rythme des saisons dans notre cité; ainsi l'atmosphère très vraie, très convaincante des paysages d'hiver, qui ne manquera pas de toucher les admirateurs de notre ville. Espérons que Hans Bühler parviendra, par son œuvre, à élargir la prise de conscience du public face aux dimensions que prend actuellement la métamorphose de la fresque citadine. Et qu'il encouragera le sens des responsabilités chez ses concitoyens car c'est finalement à eux qu'il incombe de veiller, avec cœur et intelligence, au patrimoine architectural de Bâle.
Werner A. Galusser

Hans Bühler, my inspiring drawing teacher at the Mathematisch-Naturwissenschaftliches Gymnasium, knew how to cultivate in his pupils unerringly faithful representation of an object combined with inner sympathy for it. And it is in this vein that he has been spending his spare time – and now his retirement – as the 'drawing chronicler' of his hometown for over forty years. Whoever examines his works either at exhibitions or at the Basler Staatsarchiv (Basle Municipal Archives), where they are deposited at present, will sense the same thing: perfect draughtsmanship plus tenacious, convinced involvement on behalf of the threatened architecture of our town. Dedicated perfectionism makes him draw Basle from challenging vantage points and in all kinds of weather ... spending more than a hundred hours working on a single drawing if necessary!

For him it is both an artistic need and a good citizen's obligation to draw portraits of Basle's buildings from the perspective of a participant, with his careful, delicate lines, which awaken in the observer both the desire to discover architectural forms and the love for charming detail; the details lend Basle the stimulating multiplicity of a cultural region based on a wealth of historical forms of settlement. But how long will this still be true?

Perhaps the answer to this elegaic question will be intimated by this third volume of 'The changing face of Basle'. Once again the author leads us through a city experiencing the changes of today: drawings, accompanied by pertinent commentary, take us from Kleinbasel (Little Basle) through the St. Peter's district to the Market Square, then to the Stadttheater (Municipal Theatre), through the Steinen and Aeschen districts to the areas outside the inner city of Grossbasel (Large Basle). The current process of renovating the city, of allowing new forms to replace traditional architectural substance, continues, but no longer as inexorably. The efforts of a Hans Bühler, of the Heimatschutz (Conservation Society) and of an ever more vigilant public are beginning to bear fruit, for apart from the numerous buildings to have fallen victim to demolition, there are also places which have survived to be appreciated: Thomas Platter House, St.-Alban-Tal (St. Alban's Valley), Haus ‹Zum Kempfen›, Market Square!

This volume provides not only hopeful omens but also masterful presentations of the seasonal rhythm of the town; thus the atmospherical winter themes will probably have an immediate attraction for people who know Basle. May Hans Bühler's artistic work be increasingly successful in making people aware of the extent of the current changes going on in our town and strengthen his fellow-citizens' feeling of responsibility towards Basle's architectural riches.

Werner A. Gallusser

Der ‹Äbtische Hof›, oder auch ‹Schetty-Haus› genannt, lag der Clarakirche gegenüber; einst diente er als Pfarrhaus der ‹minderen Stadt›. Auffallend war das hohe Dach, welches sogar mehr als die halbe Haushöhe beanspruchte. Das einfach gestaltete Barockhaus, von J.J. Fechter 1765 erbaut, besass eine sehr schöne gegliederte Fassade. – An der Ecke Claraplatz/Rebgasse stand ein im Vergleich zum ‹Schetty-Haus› bescheidenes klassizistisches Haus, in welchem der ‹Schweizerische Bankverein› eine Filiale eingerichtet hatte. Im Hintergrund links erkennt man bereits die zurückversetzten hohen Neubauten.
(abgebrochen 1951)

La maison de l'‹Äbtischer Hof› ou ‹Schetty-Haus›, ainsi qu'elle était également nommée, faisait face à l'église Sainte-Claire; elle abritait jadis la cure de la ‹ville inférieure›. D'une hauteur supérieure à celle de la façade, son toit imposant attirait le regard. Construite en 1765 par J.J. Fechter, dans un style baroque dépouillé, cette maison présentait une façade admirablement bien proportionnée. A l'angle de la place Sainte-Claire et de la Rebgasse, une bâtisse de l'époque classique et d'un aspect plus modeste que celui de la maison Schetty, servait de filiale à la ‹Société de Banques Bâloises›. A l'arrière-plan, à gauche, on devine déjà les bâtiments neufs situés un peu en retrait.
(démolie en 1951)

The Äbtische Hof, also known as the 'Schetty House', was located opposite the Clarakirche (Church of St. Clare) and served as the vicarage of the 'Little Town'. Its high roof, nearly half the total height of the house, was particularly striking. This baroque house of simple design, built by J.J. Fechter in 1765, possessed a beautifully structured façade. A classicistic house modest in comparison with the 'Schetty House' stood at the corner of Claraplatz (St. Clare's Square) and Rebgasse; it housed a Basle branch of the Swiss Bank Corporation. Modern high-rise buildings can already be recognized in the background on the left.
(pulled down in 1951)

Claraplatz

Einfache Bürgerhäuser und Mühlen umsäumten ehemals hier einen der verschiedenen Kanäle des Riehenteichs. Dieser sogenannte Riehenteich war der Industriekanal Kleinbasels, eine Ableitung der durch die Langen Erlen fliessenden Wiese. Wie auf alten Plänen hervorgeht, teilte sich der Riehenteich am Claragraben in der Nähe der Drahtzugstrasse in drei Wasserläufe, von denen sich später wieder zwei zu einem Lauf vereinigten. An zwei verschiedenen Orten zwischen Mittlerer Brücke und Klingental ergoss sich der Riehenteich in den Rhein. – Auf unserem Bild erkennen wir hinten rechts die ‹Blaueselmühle›, ganz im Hintergrund die Peterskirche. Zu unserer Linken steht der grosse Bau der ‹Migros› an der Unteren Rebgasse; vom Wort ‹Migrosmarkt› ist noch der letzte Buchstabe, T, lesbar.
(abgebrochen 1970)

Autrefois, de simples habitations bourgeoises et des moulins bordaient ici l'un des divers bras du Riehenteich. Dérivé de la Wiese dans le bois des Langen Erlen, ce cours d'eau dit ‹étang de Riehen› servait en fait de canal industriel au Petit-Bâle. Sur les anciens plans, nous voyons le Riehenteich se diviser en trois bras à la hauteur du Claragraben, près de la Drahtzugstrasse, dont deux se rejoignent à nouveau un peu plus loin. A deux endroits situés entre le pont du Milieu et le Klingental, les eaux du Riehenteich venaient se verser dans le Rhin. L'image nous montre la ‹Blaueselmühle›, derrière à droite, puis, à l'arrière-plan, l'église Saint-Pierre. A gauche nous apercevons le bâtiment de la ‹Migros› situé à la Untere Rebgasse. La dernière lettre de l'enseigne ‹Migrosmarkt› est encore visible.
(démoli en 1970)

Simple burgher houses and mills once lined one of the various canals of the Riehenteich (Riehen Pond) here. This so-called Riehen Pond was Kleinbasel's (Little Basle's) industrial canal, an outlet of the Wiese, which flows through Langen Erlen. As can be seen from old plans, the Riehen Pond separated into three watercourses at Claragraben near Drahtzugstrasse, two of which merged again further on. The Riehen Pond flowed into the Rhine at two points between the Mittlere Brücke (Middle Bridge) and Klingental. At the back right of our picture we can recognize the 'Blaueselmühle' (Blue Donkey Mill), in the very background the Peterskirche (Church of St. Peter). The large 'Migros' building in Untere (Lower) Rebgasse is to our left, the last letter of the word 'Migrosmarkt' being visible.
(pulled down in 1970)

Ecke Untere Rebgasse/Teichgässlein

Die zwischen Webergasse und Teichgässlein gelegenen Häuser waren die letzten des alten Baubestandes an der Unteren Rebgasse; sie wurden abgebrochen, weil an gleicher Stelle ein weiteres Warenhaus entstand. Das Kleinbasel ist bekannterweise reich versehen mit Wirtschaften, so auch die Untere Rebgasse. Beide Ecken der Häuserzeile beherbergten Gaststätten, die sich offenbar eines guten Besuchs erfreuten. Im Hintergrund erhebt sich bereits der grosse Bau der ‹Migros›; deutlich ist die Verbreiterung der Strasse durch Zurücksetzen des Blockes erkennbar. – Besonders bemerkenswert sind die interessanten Dachaufbauten des äussersten Hauses an der Webergasse.
(abgebrochen 1970)

Les maisons situées entre la Webergasse (rue des tisserands) et la Teichgässlein représentaient le dernier élément du patrimoine architectural de la Untere Rebgasse; elles durent céder la place à un autre grand magasin. Comme on sait, le Petit-Bâle compte d'innombrables établissements publics qu'on trouve donc également dans la Untere Rebgasse. Les deux restaurants qui flanquaient alors la rangée de maisons semblent avoir été bien fréquentés. Au fond, nous voyons se dresser le grand bâtiment de la ‹Migros›; l'élargissement de la rue obtenu par le décalage du nouveau bloc est bien visible. – D'une construction intéressante, la toiture de la dernière maison de la Webergasse mérite une attention particulière.
(démolition en 1970)

The houses located between Webergasse and Teichgässlein were the last old buildings in Untere (Lower) Rebgasse; they were torn down to make way for a department store on the site. Kleinbasel (Little Basle) is well-known for its great number of taverns, and Untere Rebgasse is no exception. There used to be taverns, which were obviously well-frequented, at both ends of the street. The large 'Migros' building can already be seen towering in the background; that the street has been broadened can be clearly recognized by the way the building is set back. The interesting constructions on the roof of the outermost house in Webergasse are particularly noteworthy.
(pulled down in 1970)

Ecke Untere Rebgasse/Webergasse

Die niedrigen kleinen Häuser neben dem Altersasyl ‹Zum Lamm› (zur Rechten) bildeten eine besonders reizvolle und malerische Gruppe alter Bürgerhäuser mit kleinen und grösseren Fassadenbreiten, bescheidenen Fenstern, steilen Giebeln, kleinen Dachfenstern und Kaminen. Im zweiten Haus neben dem Hofeingang ‹Zum Lamm› stand bis zum Abbruch der Liegenschaft eine Farbwarenhandlung; an gleicher Stelle befand sich vor Jahrhunderten die Bäckerei der Klarissinnen. Das Kloster selbst umfasste zusammen mit seinen Nebengebäuden das ganze Gebiet des heutigen Claraplatzes. – Die vier bescheidenen Häuser mussten dem Bau eines grossen Warenhauses weichen.
(abgebrochen 1970/71)

Avec leurs façades aux dimensions très variées, leurs fenêtres discrètes surmontées de pignons raides portant lucarnes et cheminées, les petites maisons bourgeoises situées à côté de l'asile de vieillards ‹Zum Lamm› (à droite) formaient un groupe particulièrement charmant. Jusqu'à sa démolition, la seconde maison à partir de l'entrée de la cour de l'asile, abritait un commerce de couleurs; il y a quelques siècles, ce même bâtiment servait de boulangerie aux religieuses de Sainte-Claire. Avec ses bâtiments annexes, le couvent proprement dit s'étendait tout autour de l'actuelle place Sainte-Claire. – Ces modestes quatre maisons durent, elles aussi, céder la place à un grand magasin.
(démolition en 1970/71)

The small, low houses next to the 'Zum Lamm' old-age home (at the right) formed a particularly attractive group; they were old burgher houses with façades both narrow and broad, with modest windows, steep gables, and small attic rooms and windows. There was a paint-shop two houses down from the courtyard entrance to 'Zum Lamm' until the building was torn down; and centuries ago the bakery of the Klarissinnen (Poor Clares) stood on the same spot. The convent and its outbuildings covered the whole of Claraplatz (St. Clare's Square). The four modest houses had to give way to a large department store.
(pulled down in 1970/71)

Rebgasse

Dieses reizvolle spätklassizistische Haus bildete einen Teil der Reihe schöner Landhäuser unweit des Riehentors, die sich über die ‹Sandgrube› bis hinaus zum ‹Bäumlihof› erstreckten. Es ist möglich, dass der Schöpfer der besonders wertvollen Villa der Architekt Amadeus Merian sein könnte; gewisse Anklänge lassen dies vermuten. Erbaut wurde das Haus für Maria Magdalena Eglin-Wegner, Witwe des Ratsherrn und späteren Appellationsrats Jakob Christoph Eglin, eines grossen Förderers von Amadeus Merian. Zuletzt kam die Villa in den Besitz des Arztes Dr. Fritz Tramèr. Als einziges Stück des Hauses konnte das Eglin-Wegnersche Wappen über dem Portal von einem Nachkommen dieser Familie gerettet werden. (abgebrochen 1976)

Cette ravissante bâtisse de la fin de l'époque classique faisait partie d'une série de belles maisons de campagne situées non loin de la porte de Riehen et s'étendant jusqu'au ‹Bäumlihof› en passant par le ‹Sandgrube›. Selon certains indices elle serait l'œuvre de l'architecte Amadeus Merian qui l'aurait construite pour Maria Magdalena Eglin-Wegner, veuve de Jakob Christoph Eglin, conseiller d'Etat puis plus tard conseiller de la Cour d'Appel. Le dernier propriétaire de cette villa fut le médecin Dr Fritz Tramèr. Seules les armoiries de la famille Eglin-Wegner qui se trouvaient au-dessus du porche furent sauvées par un descendant de cette famille.
(démolie en 1976)

This lovely house in the late classicistic style was one of a series of beautiful villas near the Riehentor (Riehen Gate) which stretched past the 'Sandgrube' (Sand Pit) to the 'Bäumlihof'. Certain features indicate that Amadeus Merian may have been the architect of this particularly valuable villa. The house was built for Maria Magdalena Eglin-Wegner, widow of the town councillor and later appellate councillor Jakob Christoph Eglin, one of Amadeus Merian's important patrons. Dr. Fritz Tramèr was the villa's last owner. The only bit of the house that has survived is the Eglin-Wegner coat of arms, which was rescued by a descendant of the family. (pulled down in 1976)

‹Tramèr-Villa›
Ecke Riehenstrasse/Rheinfelderstrasse

An der Stelle des alten Bauernhofs steht heute ein Gebäudeteil der Allgemeinen Gewerbeschule. Eine besondere Zierde des schön proportionierten Bauernhofs war der hölzerne Balkon, der gestützt wurde durch einen kräftigen, geschnitzten quadratischen Balken. Gotische Hohlkehlen an den Fenstergewänden mit Anklängen von Renaissance- und sogar Barockmotiven bildeten neben reichen Deckenmalereien im ‹Sommerhaus› (Vestibül) weitere Kostbarkeiten. Zwei Wappenschilde, Rippel und Krug, lassen den möglichen Erbauer, Ratsherrn Johann Jakob Rippel-Krug, vermuten. Das Baujahr ist wahrscheinlich 1677. Judith Krug war die Tochter des Bürgermeisters Ludwig Krug-Wettstein und Enkelin des berühmtesten Bürgermeisters von Basel, Johann Rudolf Wettstein.
(abgebrochen 1955)

L'emplacement de la ferme est aujourd'hui occupé par une partie des bâtiments de l'Ecole des arts et métiers. Un balcon en bois reposant sur une puissante poutre quadrangulaire et sculptée constituait la parure de cette bâtisse par ailleurs harmonieusement proportionnée. Celle-ci présentait encore d'autres éléments décoratifs remarquables, ainsi des moulures concaves gothiques aux jambages des fenêtres comprenant également certaines réminiscences des époques Renaissance et même baroque, puis les riches peintures du plafond de la ‹maison d'été› (vestibule). Si l'on en croit les deux écus aux armoiries de Rippel et Krug, la maison aurait été construite en 1677 par le conseiller d'Etat Johann Jakob Rippel-Krug. Judith Krug était la fille de Ludwig Krug-Wettstein et petite-fille du plus fameux d'entre les maires de Bâle, Rudolf Wettstein.
(démolie en 1955)

Today part of the Allgemeine Gewerbeschule (General Trade School) stands on the site of this old farm. The wooden balcony of the finely proportioned farmhouse was supported by a strong, carved, square beam and was particularly decorative. Gothic cavettos on the window-frames, foreshadowing renaissance and even baroque motifs, and elaborately painted ceilings were further treasures in the 'summer-house' (vestibule). Two coats of arms, Rippel and Krug, suggest that the house, which was probably constructed in 1677, may have been built for town councillor Johann Jakob Rippel-Krug. Judith Krug was the daughter of Mayor Ludwig Krug-Wettstein and granddaughter of Johann Rudolf Wettstein, Basle's most famous mayor.
(pulled down in 1955)

Bauernhof am Vogelsangweg

Der Anfang der Siedlung im St.-Alban-Tal geht auf eine frühchristliche Kirche zurück, die dem heiligen Alban, einem irischen Glaubensboten, geweiht war. 1083 folgte die Gründung des Klosters durch Bischof Burkhard von Hasenburg, der Clunyacensermönche nach Basel berief. Die Gesamtanlage des Klosters ist bis heute erhalten geblieben. Die ehemals romanische Kirche wurde nach dem Erdbeben von 1356 in gotischem Stil wiederaufgebaut. Nach der Reformation von 1529 diente sie mehrheitlich profanen Zwecken; dem Zerfall nahe wurde sie 1845 vom Architekten J.J. Stehlin gerettet und umgestaltet. 1875 erwarb das Ehepaar Rudolf und Emilie Sarasin-Stehlin die ehemaligen Klostergebäude, baute ein Stockwerk auf und errichtete eine Stiftung für Pfarrers- und Lehrerswitwen. – Das St.-Alban-Tor ist eines der drei erhaltenen Tore der äusseren Stadtbefestigung; seine heutige Gestalt erhielt es nach dem Erdbeben, zwischen 1361 und 1368.

C'est une église du début de l'ère chrétienne et dédiée à Saint-Alban, moine évangélisateur irlandais, qui est à l'origine de la petite agglomération dans le vallon de Saint-Alban. En 1083, l'évêque Burkhard de Hasenburg y fonde un cloître et fait appel aux moines de Cluny. L'emplacement et la disposition du cloître n'ont pas changé depuis. Après le tremblement de terre de 1356, l'église jusqu'alors romane est reconstruite dans le style gothique. Puis en 1529, après la Réforme, le cloître désaffecté sert à des besoins en majorité profanes. Dans un état de délabrement avancé, il est sauvé et transformé en 1845 par l'architecte J.J. Stehlin. En 1875 les époux Rudolf et Emilie Sarasin-Stehlin l'acquièrent et surélèvent les bâtiments d'un étage en y installant une fondation en faveur des veuves de pasteurs et d'instituteurs. – La porte de Saint-Alban est l'une des trois portes qui restent des anciennes fortifications extérieures de la ville; après le tremblement de terre, elle fut reconstruite entre 1361 et 1368. Son aspect actuel date de cette époque.

The settlement of the St.-Alban-Tal (St. Alban's Valley) goes back to an early Christian church consecrated to Saint Alban, an Irish missionary. In 1083 Bishop Burkhard of Hasenburg founded the monastery and called the Cluniacensians to Basle. The monastery still survives in its entirety. After the earthquake of 1356 the originally romanesque church was rebuilt in the gothic style. After the Reformation of 1529 it mainly served profane purposes; and in 1846, when it had come close to ruin, the architect J.J. Stehlin saved and restructured it. Rudolf and Emilie Sarasin-Stehlin acquired the former monastery in 1875, adding a storey and converting it into a home for parsons' and teachers' widows. The St.-Alban-Tor (St. Alban's Gate) is one of the three surviving gates of the outer fortifications of the town; it received its present form after the 1356 earthquake, between 1361 and 1368.

Im Jahre 1937 veränderte sich das Bild des Petersbergs und der Spiegelgasse grundlegend. Hier entstanden die Neubauten des ‹Spiegelhofs› und der ‹Öffentlichen Krankenkasse Basel›. Die Dominante dieser Gegend war ehemals der mächtige ‹Strassburgerhof›, dessen letzte Ruinen auf unserer Zeichnung noch zu erkennen sind. Zur Rechten ist bereits ein Stück des neuen Kantonalbankgebäudes sichtbar, und der Hintergrund wird beherrscht durch die ansteigende Linie des Petersbergs mit seinen alten Häusern und steilen Dächern; darüber erhebt sich der Turm der Peterskirche. Der hohe Giebel gehört zum ‹Offenburgerhof› an der Petersgasse. – Der ‹Strassburgerhof›, der ehemals ‹Wormserhof› hiess, war lange Zeit im Besitz von namhaften Adelsgeschlechtern, später folgten Vertreter der vornehmen Bürgerschaft. So wohnte hier im 16. Jahrhundert der Strassburger Kaufmann Franz Guitschard, auf den der Name ‹Strassburgerhof› zurückgeht.
(abgebrochen 1937)

En 1937, l'image du Petersberg et de la Spiegelgasse changea complètement. On y construisit les nouveaux bâtiments du ‹Spiegelhof› (Centrale de la police) et de la Caisse maladie publique de Bâle. Jadis cet endroit était caractérisé par l'imposant ‹Strassburgerhof›, dont les ruines sont encore visibles sur le dessin. A droite on y voit déjà une partie du nouveau bâtiment de la Banque Cantonale, alors que l'arrière-plan est dominé par la silhouette du Petersberg et de ses anciennes maisons aux toits raides dont dépasse la tour de l'église Saint-Pierre. Le haut pignon appartient au ‹Offenburgerhof› situé à la Petersgasse. Sous le nom de ‹Wormserhof›, le ‹Strassburgerhof› fut longtemps la propriété de familles nobles, puis de la haute bourgeoisie. Au XVIe siècle elle était habitée par le marchand strasbourgeois Franz Guitschard, d'où son second nom.
(démolition en 1937)

The year 1937 brought fundamental changes to the face of Petersberg (St. Peter's Hill) and Spiegelgasse: the new buildings of the 'Spiegelhof' and the Öffentliche Krankenkasse (Public Health Insurance of Basle) were erected. Formerly the area had been dominated by the monumental 'Strassburgerhof', the last remnants of which can be seen on our drawing. At the right, a bit of the new Cantonal Bank building is already visible; and the background is dominated by the rising line of Petersberg with its old houses and steep roofs, which is overlooked by the steeple of the Peterskirche (Church of St. Peter). The high gable belongs to the 'Offenburgerhof' in Petersgasse. For a long while the 'Strassburgerhof', which was once called 'Wormserhof', was owned by well-known aristocratic families and then by members of the refined gentry. In the 16th century, for instance, Franz Guitschard, the Strassburg merchant to whom the name 'Strassburgerhof' goes back, lived here.
(pulled down in 1937)

Petersberg

Der linken Seite des Petersbergs entlang zogen sich bis hinauf zur Petersgasse bescheidene Bürgerhäuser, welche zuletzt von biederen Handwerkern bewohnt wurden. An der untersten Ecke des Petersbergs betrieb viele Jahre lang ein Schuhmachermeister sein Handwerk. Seine Werkstatt war Treffpunkt der Anwohner rund um den Fischmarkt, den Petersberg und die Petersgasse, und hier war es, wo Neuigkeiten aller Art aus den verschiedenen Gassen zur Kenntnis genommen und weitergegeben wurden; fast ein Stück Seldwyla! – Über dieser Gegend lag noch der Zauber der mittelalterlichen Kleinstadt. Irgendwie schien die Zeit hier stehengeblieben zu sein.
(abgebrochen 1937)

Le côté gauche du Petersberg était bordé de modestes maisons appartenant à la petite bourgeoisie. Vers la fin, elles furent habitées par d'honorables artisans. Ainsi la maison du coin, au pied du Petersberg, abrita pendant longtemps un cordonnier. Son atelier servait de lieu de rendez-vous à tous les habitants des alentours du Fischmarkt (marché aux poissons), du Petersberg et de la Petersgasse (la rue Saint-Pierre). C'est ici que se transmettaient de bouche à oreille les dernières nouvelles en tous genres; pour ainsi-dire un Seldwyla en miniature! Dans ce quartier la ville avait conservé le charme d'une petite cité médiévale. Et le temps semblait s'y être arrêté.
(démolition en 1937)

Modest burgher houses ultimately inhabited by honest artisans used to stretch along the left side of Petersberg (St. Peter's Hill) to Petersgasse. For many years a shoemaker worked at the lower corner of Petersberg. His workshop was a place where all the people living around the Fish Market, Petersberg and Petersgasse would meet and trade the latest news of the neighbourhood. There was the enchantment of the small medieval town about this area – time seemed somehow to have stood still.
(pulled down in 1937)

Petersberg

Etwas oberhalb der Werkstätte des Schuhmachermeisters stiess man auf einen Häuserwinkel, der zum Reizvollsten des Petersbergs zählte. Keine Hauswand stand absolut senkrecht, kein Fenster und keine Türe waren rechtwinklig, alles verlief irgendwie schief und krumm. Und alle diese Kleinigkeiten, ein gotiges Bogentürlein, die gotischen Hohlkehlen der zum Teil mehrgliedrigen Fenster, die schräg gewordenen Türstürze, all dies zauberte ein Stück mittelalterliche Atmosphäre hervor, die unwiederbringlich der Vergangenheit angehört.
(abgebrochen 1937)

Un peu en-dessus de l'atelier de cordonnerie, on trouvait un des endroits les plus pittoresques du Petersberg. Façades, encadrements de portes et de fenêtres, rien n'était parfaitement vertical ou quadrangulaire; au contraire, tout était un peu penché ou de travers. Et tous ces détails charmants, la courbe irrégulière d'une voûte de porte ou des moulures concaves gothiques ornant les fenêtres, la plupart à plusieurs jambages, les linteaux affaissés des portes, tout cela respirait une atmosphère médiévale irrévocablement disparue aujourd'hui.
(démolition en 1937)

A bit further up from the shoemaker's workshop stood one of the most charming groups of houses on Petersberg (St. Peter's Hill). All of them were crooked – no wall was perfectly vertical, no windows and doors had absolutely right angles. So many details – a door with gothic arch, the gothic cavettos of the partly transomed windows, the door lintels which had in the course of time gone askew – conjured up a medieval atmosphere which belonged irrevocably to the past.
(pulled down in 1937)

Häuserwinkel am Petersberg

Der grosse Bau ist ein Teil des Gebäudes Nadelberg 6, ‹Zum schönen Haus›; es besteht aus Vorder- und Hinterhaus. Dieses Anwesen ist ein Geschenk der Basler Handelskammer an die Theologische Fakultät, die hier ihre Seminarien eingerichtet hat. Bei Restaurationsarbeiten entdeckte man 1966 im grossen Bau (zu unserer Linken) im Erdgeschoss Malereien an Balkendecken, die in der Zeit zwischen Romantik und Frühgotik entstanden sein dürften. Auf 250 Feldern finden sich 150 figürliche Darstellungen; sie sind die ältesten entdeckten Profanmalereien Basels und sogar der Schweiz und werden gerne mit Zillis verglichen. – Über dieses Haus berichtet 1433 der Sekretär des Konzils von Basel, Äneas Silvio Piccolomini, der spätere Papst Pius II., Gründer der Universität: ‹... An anderem Ort haben sie einen geräumigen Palast erbaut, wo sie häufig tanzen und dazu die schönsten Frauen der Stadt einladen.› – Im Vordergrund steht heute der Neubau der Basler Handelsgesellschaft.

Le grand édifice fait partie de la maison ‹Zum schönen Haus› située au no 6 du Nadelberg. Elle comprend deux parties séparées par une cour dont l'une donne sur la rue. La propriété appartenait à la Chambre de commerce bâloise qui en fit don à la Faculté de théologie, laquelle y tient actuellement ses séminaires. Lors des travaux de restauration, en 1966, on découvrit au rez-de-chaussée du grand bâtiment (à notre gauche) un plafond à solives orné de peintures datant probablement de l'époque romane et du début de l'époque gothique. On y voit 150 sujets figurés répartis sur 250 cases; ce sont les peintures profanes les plus anciennes de Bâle et même de Suisse; on les compare volontiers aux peintures de Zillis. – En 1433, Äneas Silvio Piccolomini, alors secrétaire du Concil de Bâle, futur Pape Pie II et fondateur de l'Université, relatait au sujet de cette maison: ‹... A un autre endroit ils ont construit un vaste palais où ils vont souvent danser en invitant les plus belles femmes de la cité.› L'emplacement au premier plan est aujourd'hui occupé par le nouveau bâtiment de la Société commerciale bâloise.

The large building is part of Nadelberg 6, 'Zum schönen Haus', which comprises a front and a rear house. The property was a gift of the Basle Chamber of Commerce to the University's Department of Theology, which has its library and tutorial facilities there. In 1966, while the building was being restored, paintings probably dating back to the time between the Romanesque and Early Gothic ages were discovered on the timbered ceilings of the ground floor of the large building (to our left). There are 150 figural representations in 250 fields; they are the oldest profane paintings to have been found not only in Basle but even in Switzerland as a whole, and are often compared with the ones in Zillis. In 1433 Äneas Silvio Piccolomini, secretary of the Council of Basle and later Pope Pius II, founder of the University, gave the following account of this house: '... Elsewhere we have built a spacious palace, where a great deal of dancing is done and to which the most beautiful women in the town are invited.' The modern building of the Basle Trading Company can be found in the foreground today.

Petersgraben

Nach dem Abbruch des ‹Vereinshauses› am Petersgraben eröffnete sich 1955 für einige Zeit ein ganz ungewohntes Bild. Die rechte Bildhälfte zeigt das zum ‹Zerkindenhof› gehörende Rundtürmchen mit Türe, Fenstern und reizvollem Dächlein. Dieser Turm ist ein Rest der um 1200 erbauten inneren Stadtbefestigung; dahinter erhebt sich noch der alte Stadtwall. Die heute Petersgraben genannte Strasse bildete den Stadtgraben. Die abgebrochene Mauer in der Mitte des Bildes ist das letzte Überbleibsel des ehemaligen ‹Vereinshauses›. Im Hintergrund zeigen sich die grossen Dächer der Häuser am Nadelberg, und im Vordergrund erkennt man mit Vergnügen Plakate des bekannten Basler Künstlers Niklaus Stöcklin. Auf dem leeren Platz entstand bald nachher der grosse Neubau der Basler Handelsgesellschaft.
(‹Vereinshaus› abgebrochen 1955)

Après la démolition du ‹Vereinshaus› en 1955, le Petersgraben (fossé Saint-Pierre) offrit pendant un certain temps une image insolite. La moitié droite représente la tourelle du ‹Zerkindenhof› avec ses fenêtres, sa porte et son petit toit. Cette tour est tout ce qu'il reste de l'ancienne fortification intérieure construite en 1200; à l'arrière, elle s'appuie encore à l'ancien rempart. Le tracé de la rue portant aujourd'hui le nom de Petersgraben correspondait alors au fossé. Dernier vestige de la maison de réunions, le pan de mur, au centre, va bientôt disparaître. A l'arrière-plan, on reconnaît non sans plaisir, les affiches du célèbre peintre bâlois Niklaus Stöcklin. Peu de temps après, la place vide fut occupée par le nouveau bâtiment de la Basler Handelsgesellschaft (Société commerciale bâloise).
(démolition 1955)

The demolition of the 'Vereinshaus' in Petersgraben (St. Peter's Moat) in 1955 left a very unusual scene for a time. The right half of the picture shows the round tower of the 'Zerkindenhof', with its door, windows and charming little roof. This tower is all that is left of the inner fortifications of the town, which were built in 1200; the old town wall still rises behind it. The street called Petersgraben today is on the site of the town's former moat. The remains of the wall in the centre of the picture are what is left of the Vereinshaus that was torn down. The large roofs of the houses on Nadelberg are visible in the background, and in the foreground one can enjoy posters done by Niklaus Stöcklin, a well-known Basle artist. The large, modern building of the Basle Trading Company was built on the site soon afterwards.
('Vereinshaus' pulled down in 1955)

Petersgraben

Die Rosshofgasse führt ihren Namen nach den an den ‹Rosshof› angebauten obrigkeitlichen städtischen Stallungen und Remisen; hier wurden jeweils die Pferde gewechselt. An die Funktion der niedrigen, langgestreckten Bauten erinnert noch heute der vergoldete Pferdekopf am ersten Haus zur Rechten. Hinter dem Eckhaus zur Linken, in dem einmal ein Kindergarten untergebracht war und das später als Geschäftshaus Verwendung fand, erstreckte sich bis zum Abbruch von Haus und Stallungen ein grosser Garten mit schönen Anlagen, Bäumen und Büschen, der bis an den Petersgraben stiess. Heute hat sich der Garten in einen Parkplatz verwandelt.
(linke Seite der Gasse abgebrochen 1961)

Adossées au ‹Rosshof›, les étables et remises publiques de la ville donnèrent son nom à la Rosshofgasse; on y changeait d'attelage. Ornant la première maison, à droite, une tête de cheval dorée rappelle les fonctions réservées à cette longue enfilade de bâtiments à un étage. Sur notre gauche, la maison du coin abrita pendant quelques temps un jardin d'enfants, puis une maison de commerce; jusqu'à sa démolition, et celle des étables, elle cachait un grand jardin avec de belles pelouses, des arbres et des buissons s'étendant jusqu'au Petersgraben. Aujourd'hui ce jardin a été transformé en place de parc.
(démolition du côté gauche de la rue: 1961)

The name Rosshofgasse (Horse-yard Lane) goes back to the official town stables and carriage houses added to the 'Rosshof'; it was here that people used to change horses. Today the gilt horse's head on the first house on the right still reminds passers-by of the function the long, low buildings once had. Behind the corner house on the left, which was once occupied by a kindergarten and then used for commercial purposes, there used to be a large, beautifully landscaped garden with trees and bushes, which stretched up to Petersgraben (St. Peter's Moat); it was demolished along with the house and stables. Today the garden has been turned into a car-park.
(one side of the lane pulled down in 1961)

Rosshofgasse

Der ‹Rosshof› war Ende des 18. Jahrhunderts Schauplatz einer weltgeschichtlichen Begebenheit. Nach dem ersten Koalitionskrieg wurde zwischen Frankreich und Preussen der ‹Friede zu Basel› geschlossen. Am Abend des Ostersonntags, des 5. April 1795, erfolgte die Unterzeichnung des Friedensvertrags. Der bedeutende Staatsmann Peter Ochs hatte als Vermittler wertvolle Dienste geleistet. Er berichtet, dass jeder der Bevollmächtigten die Unterschrift unter die Dokumente in seinem eigenen Quartier gesetzt habe; so der Freiherr Karl August von Hardenberg im ‹Markgräflerhof›, der französische Gesandte François Marquis de Barthélemy im ‹Rosshof›, wo auch die Vorverhandlungen geführt worden waren. – Unser Bild zeigt die einfache, schöne Louis-XVI-Fassade, gesehen aus der gegenüber liegenden Brunnennische.

Au XVIIIe siècle, le ‹Rosshof› fut le théâtre d'un évènement historique important. En effet, à la fin de la première guerre de coalition, la France et la Prusse y conclurent la Paix de Bâle. Le traité fut signé en 1795, la veille du dimanche de Pâques, grâce à l'éminent homme d'Etat Peter Ochs qui, en tant que médiateur, avait rendu de précieux services aux négociateurs. Selon son récit, les plénipotentiaires apposèrent leurs signatures séparément et chacun dans leur propre quartier. Ainsi le baron Charles Auguste de Hardenberg signa au ‹Markgräflerhof›, et l'ambassadeur français, François Marquis de Barthélemy, au ‹Rosshof›, où s'étaient déroulées les délibérations préliminaires. – Vue d'en face, de la niche à la fontaine, notre image montre la façade Louis XVI d'une beauté un peu rustique.

At the end of the 18th century the 'Rosshof' (Horse-yard) was the scene of an event of world-wide historical significance. After the war of the first coalition, the 'Peace of Basle' was made between France and Prussia. The peace treaty was signed on the evening of 5 April 1795, Easter Sunday. Peter Ochs, an eminent statesman who had made a valuable contribution as mediator, reports that the signatories each signed the document in their own quarters – Freiherr Karl August von Hardenberg in the 'Markgräflerhof', the French envoy François Marquis de Barthélemy in the 'Rosshof', where the negotiations had also taken place. Our picture shows the beautifully simple Louis XVI façade as seen from the fountain across the road.

Der ‹Rosshof› am Nadelberg

Für Basler bedeutet das Imbergässlein den Inbegriff der Altstadt, über der ein romantischer Zauber liegt. Vom Nadelberg her steigt man viele Treppen hinunter bis zur Einmündung einer kleinen Sackgasse, des sogenannten ‹kleinen Imbergässleins›; dadurch entsteht so etwas wie ein Miniaturplatz. – Das Imbergässlein endet bei der Schneidergasse. Hier sind die bevorzugten Gefilde der ‹Fasnächtler›, denn in den engen Gassen mit den hohen Häusern dröhnen die Trommeln gar herrlich und bilden mit den schrillen Tönen der Piccolos für Basler Ohren ein herrliches Konzert! Nicht zufällig hat das Sekretariat des ‹Fasnachts-Comités› seinen Sitz im Imbergässlein.

Pour de nombreux Bâlois, l'Imbergässlein est le symbole même de la vieille ville avec tout ce que cela représente de romanesque et de pittoresque. Venant du Nadelberg, on descend une multitude de marches. Arrivé sur une sorte de place en miniature, on découvre, à droite, une ruelle en cul-de-sac très étroit, la ‹Petite Imbergässlein›. Plus bas, on débouche sur la Schneidergasse. L'Imbergässlein et son cul-de-sac font la joie de tous les participants au Carnaval, les ‹Fasnächtler›, car les hauts murs des maisons bordant les étroites ruelles renvoient à merveille le grondement des tambours et les sons stridents des fifres ... le plus beau des concerts pour toute oreille bâloise! Ce n'est d'ailleurs pas un hasard si le siège du comité du Carnaval se trouve précisément à l'Imbergässlein.

For the Bâlois, Imbergässlein is the quintessence of the 'Old Town' with its romantic charm. After descending a great many steps from Nadelberg, one comes to a junction with a narrow blind alley, so-called 'Little Imbergässlein', where something like a miniature square is formed. Imbergässlein ends at Schneidergasse. These are the areas 'Fasnächtler' (carnival enthusiasts) love best, for in these narrow lanes with their tall houses the throb of the drums and the shrill sound of the fife resound in a concert wonderful to Basle ears! It is no coincidence that the 'Fasnachts-Comité' has its offices in Imbergässlein.

Imbergässlein

Die Weinstube Hunziker am Spalenberg Nr. 5 war für weite Kreise ein ‹eigentlicher Begriff›. Und fast legendär war die liebenswerte Gestalt des 82jährigen ‹Lisettli›, das 41 Jahre lang, von 1922 bis 1963, seine Weinstube geführt hat. Liebevoll wurde es von Gästen durchwegs mit ‹Fräulein› betitelt. Zu den Stammgästen zählten Persönlichkeiten aus allen Gesellschaftsschichten, wie Professoren, Handwerker, Geschäftsleute, Künstler und viele andere. – Im Mai 1966 begann der Abbruch der Liegenschaften Nr. 5 und Nr. 7. Zur grossen Überraschung kamen dabei kostbare Malereien zum Vorschein: Ornamente, Blattranken und Putten, die von dem berühmten Maler Hans Herbster (1468–1550) stammen dürften, der in diesen beiden Liegenschaften gelebt und gewirkt hat. Er wurde sogar der Lehrmeister der Brüder Ambrosius und Hans Holbein d.J., die 1515 und 1516 mit ihrem Vater in Basel eingewandert sind. Hans Holbein ist einer der berühmtesten Söhne Basels und einer der grössten Künstler seiner Zeit geworden.
(abgebrochen 1966)

Pour de nombreux Bâlois le café Hunziker au Spalenberg no 5 était ‹le› café par excellence. Et l'aimable Lisettli, 82 ans, qui avait tenu cet établissement de 1922 à 1963, soit pendant 41 ans, était devenu une figure presque légendaire. Parmi les clients qui l'appelaient affectueusement ‹Mademoiselle› on trouvait des personalités de toutes les couches sociales: professeurs, artisans, commerçants, artistes et beaucoup d'autres encore. – En mai 1966 on commença à démolir les maisons no 6 et 7, et lors des travaux, on découvrit, à la surprise générale, de précieuses peintures: ornements divers et à motifs végétaux, chérubins, vraisemblablement dus au pinceau et au talent du célèbre peintre Hans Herbster (1468–1550) qui avait vécu et travaillé dans ces deux maisons. Il fut d'ailleurs le maître des frères Ambroise et Hans Holbein qui, en 1515 et 1516, étaient venus s'établir à Bâle avec leur père. Un des plus célèbres fils de Bâle, Hans Holbein fut en effet un des plus grands artistes de son temps.
(démolies en 1966)

The Weinstube Hunziker (Hunziker Wine Tavern) at Spalenberg 5 was frequented by all kinds of people. And 'Lisettli', the kindly 82-year-old who ran her tavern for 41 years, from 1922 to 1963, was almost a legendary figure. Her guests all addressed her lovingly as 'Fräulein' (Miss). People from all walks of life – professors, artisans, businesspeople, artists and many others – were among her regular customers. The demolition of Spalenberg 5 and 7 began in May 1966. To everyone's surprise, precious paintings were discovered in the process: ornamental work, creepers and putti probably done by the famous painter Hans Herbster (1468–1550), who lived and worked on these premises and even taught the two brothers Ambrosius and Hans Holbein the Younger, who emigrated to Basle with their father in 1515 and 1516. Hans Holbein is one of Basle's most famous sons and became one of the greatest artists of his time.
(pulled down in 1966)

Weinstube Hunziker am Spalenberg

Die Dominante des Rümelinsplatzes war die Rümelinsmühle (das kleine Haus im Hintergrund), weniger ihrer Grösse als vielmehr ihrer Lage wegen, denn sie schloss den Platz an seinem unteren Ende ab. Das grosse Mühlrad war gegen die Grünpfahlgasse gerichtet. Die erste Urkunde der Mühle geht auf das Jahr 1540 zurück; 1577 gelangte sie in den Besitz eines Christian Lippe. Die Mühle blieb dann 280 Jahre Eigentum dieser Familie; aus ihr ging auch die Mutter des 1827 an der Gerbergasse geborenen Arnold Böcklin hervor. – Alle Häuser rund um den Platz trugen reizvolle Namen; so hiess das hochgieblige Haus ‹Zum Roggenburg›, das folgende ‹Zum Spyr›, das äusserste rechts ‹Zum Karspach›. Hier waren die ‹Behausungen› und Werkstätten vieler Handwerker, welche die Wasserkraft des Rümelinsbachs zu nutzen wussten. (abgebrochen: Mühle, ‹Zum Roggenburg› und ‹Zum Spyr› 1957)

Le moulin du Rümelin (la petite maison du fond) dominait la place moins par ses dimensions que par son emplacement au bas de celle-ci. La grande roue du moulin donnait sur la Grünpfahlgasse. Le premier document qui le concerne remonte à l'an 1540; en 1577 il passa aux mains de Christian Lippe. Pendant 280 ans, le moulin fut la propriété de cette famille dont descendait la mère du peintre Arnold Böcklin, né en 1827 à la Gerbergasse (rue des Tanneurs). – Toutes les maisons donnant sur la place portaient des noms charmants; ainsi la maison au pignon élevé s'appelait ‹Zum Roggenburg›, la suivante ‹Zum Spyr› et la dernière, à l'extrémité droite, ‹Zum Karspach›. Elles abritaient toutes de nombreux artisans qui y habitaient et y travaillaient, mettant à profit l'énergie hydraulique du ruisseau du Rümelin. (démolition du moulin et des maisons ‹Zum Roggenburg› et ‹Zum Spyr› en 1957)

When the Rümelin Mill (the small building in the background) dominated Rümelinsplatz, it was less because of its size than its location, for it formed the lower boundary of the square. The large mill-wheel pointed towards Grünpfahlgasse. The first document mentioning the mill dates back to the year 1540. The mill passed into Christian Lippe's hands in 1577, remaining in the possession of his family for 280 years; Arnold Böcklin's mother, who was born in Gerbergasse in 1827, was a member of this family. All the houses lining the square had charming names: the house with high gables was called 'Zum Roggenburg', the next one 'Zum Spyr' and the one furthest right 'Zum Karspach'. These were the homes and workshops of artisans who knew how to exploit the water-power of the Rümelin Brook.
('Zum Roggenburg', mill and 'Zum Spyr' pulled down in 1957)

Rümelinsplatz

Die beiden kleinen Häuslein der Mühle schräg gegenüber, ‹Zum rothen Kopf› (Nr. 2) und ‹Zum wyssen Hus› (Nr. 4), waren zum grössten Teil, wie alle Häuser ringsum, von Handwerkern bewohnt. Rund um den Platz hausten Metzger, ‹Bartscherer›, Küfer, Zapfengiesser, Wagner, Sattler, Steinmetzen, ‹Mahler› und Vergolder, auch verschiedene ‹Biermacher›. Der ‹rothe Kopf› war einmal im Besitz des ‹Gotshus Gnadental› (Frauenkloster an der Stelle der alten Gewerbeschule am Petersgraben). In dem seit 1329 nachgewiesenen ‹Wyssen Hus› wohnten im 18. Jahrhundert ausnahmsweise auch einmal Vertreter gehobenen Standes mit Namen gutbaslerischer Prägung: ein ‹Tuchschärer› und ein ‹Handelsmann›.
(abgebrochen 1947)

Situées de façon oblique, face au moulin, les deux petites maisons ‹Zum rothen Kopf› (no 2) et ‹Zum wyssen Hus› (no 4) étaient habitées par des artisans, comme d'ailleurs toutes les maisons avoisinantes. Tout autour de la place on trouvait des bouchers, des barbiers (‹Bartscherer›), des tonneliers, des fondeurs, des charretiers, des selliers, des tailleurs de pierre, des peintres et doreurs ainsi que plusieurs ‹faiseurs de bière› (‹Biermacher›). La maison de la ‹tête rouge› fut, entre autres, la propriété de l'institution de religieuses ‹Gotshus Gnadental› (couvent situé alors à l'endroit de l'ancienne Ecole des arts et métiers, au Petersgraben). Au XVIIIe siècle, la ‹maison blanche› dont des documents font état dès 1329, hébergea exceptionnellement des propriétaires appartenant à une classe plus élevée et aux titres bien bâlois: un ‹Tuchschärer› et un ‹Handelsmann›.
(démolition en 1947)

Like all the other houses in the area, the two little houses diagonally opposite the mill, 'Zum rothen Kopf' (No. 2) and 'Zum wyssen Hus' (No. 4), were inhabited by artisans. Butchers, barbers, coopers, wheelwrights, leatherworkers, stone-masons, 'painters' and gilders, and various beer brewers lived all round the square. The 'Rothe Kopf' once belonged to the 'Gotshus Gnadental' (the convent on the site of the old trade school in Petersgraben). In the 18th century the 'Wysse Hus', which provably dates back at least to 1329, was for once inhabited by representatives of a higher social stratum, whose names had a good Basle ring: Tuchschärer (cloth warper) and Handelsmann (businessman).
(pulled down in 1947)

Rümelinsplatz

Die Anfänge von St. Leonhard gehen auf das 11. Jahrhundert zurück. Vom romanischen Bau hat sich unter dem Chor nur die Krypta erhalten. Die Kirche dürfte um 1118 geweiht worden sein; 1135 wurde sie zur Pfarrkirche erhoben. Nach dem Erdbeben von 1356 musste sie neu aufgebaut werden; so entstand in den folgenden Jahrzehnten der hochgotische Bau. Die Kirche wurde nach Westen erweitert. In die gleiche Zeit fallen auch der Bau des Turms, die Umgestaltung des Chors und die Errichtung der Theobaldskapelle mit dem Grabmal des Ritters Hüglin von Schönegg (zwischen Turm und Kirche). In spätgotischer Zeit folgten die Neuüberwölbung des Chors und der Neubau des Kirchenschiffs. Der Österreicher Hans Niesenberger erweiterte dieses zu einer Halle. Die Form der Hallenkirche stellt in unseren Gegenden eine seltene Bauform dar.

L'église de Saint-Léonard remonte au XIe siècle. La crypte située au-dessous du chœur est le seul élément subsistant de l'ancien édifice roman. L'église aurait été sacrée en 1118; en 1136 on lui accordait le statut d'église paroissiale. Au cours des décennies qui suivirent le tremblement de terre de 1356, elle fut reconstruite dans le style gothique et agrandie sur le côté ouest. La construction de la tour, la transformation du chœur ainsi que l'édification de la chapelle de Théobald avec la tombe du chevalier Hüglin de Schönegg (entre la tour et la chapelle) datent de la même époque. Puis, vers la fin de l'époque gothique, on rénova les voûtes du chœur et celles de la nef, laquelle fut alors agrandie et transformée en salle par l'Autrichien Hans Niesenberger. Par sa conception architecturale, l'église à salle constitue une rareté dans nos régions.

The origins of the Leonhardskirche (Church of St. Leonard) go back to the 11th century. Apart from the choir and crypt, nothing of the romanesque building survives. The church was consecrated in 1118 and raised to the position of a parish church in 1135. It had to be rebuilt after the earthquake of 1356, with an edifice in the high gothic style being constructed in the following decades. The church was enlarged towards the west, and during the same period the spire was built, the choir redesigned and the Theobaldskapelle (Chapel of Theobald) with the tomb of Knight Hüglin of Schönegg constructed (between the spire and the church). In the Late Gothic period the choir was revaulted and the nave rebuilt, the Austrian Hans Niesenberger enlarging it into a 'hall'. As an architectural form this hall-church is unusual to our region.

St.-Leonhards-Kirche

St. Leonhard besass ehemals zwei Kreuzgänge: den Hinteren oder Klosterkreuzgang und den Vorderen oder Grabenkreuzgang. Als Begräbnisstätten haben beide bereits im Jahre 1825 ihre Bedeutung verloren, als der Spalenfriedhof auf dem Areal des Botanischen Gartens angelegt worden war. Daher wurde 1829 für den Klosterkreuzgang und 1841 für den Grabenkreuzgang ein Bestattungsverbot erlassen. Der Umfang dieses heutigen Kreuzgangs entspricht nicht mehr seiner ursprünglichen Grösse, denn schon 1812 erfuhr er eine Verkürzung ‹zur Errichtung einer Einfahrt› auf den Platz. Eine weitere Verkleinerung um die Hälfte erlebte der Kreuzgang 1842 durch den Bau des Pfarrhelferhauses. Im Kreuzgang übriggeblieben sind eine Anzahl Gedenktafeln, die als historische und kulturelle Dokumente den Zeitgeist widerspiegeln. Es lag im Bestreben jener Zeit, kommenden Geschlechtern die Verstorbenen als Exempel hinzustellen und ihre Leistungen zur Schau zu stellen. Durch die Anlage von Gottesäckern vor der Stadt fiel diese Art des Gedenkens von selbst dahin.

Saint-Léonard possédait autrefois deux galeries: la galerie arrière dite du couvent et la galerie frontale dite des fossés. Dès 1825 et avec l'établissement du cimetière du Spalen sur l'actuel emplacement du Jardin botanique, le cloître perdit de son importance en tant que lieu de sépulture. En 1829 les inhumations furent interdites dans la galerie du couvent et, en 1841, également dans la galerie des fossés. Les proportions actuelles ne correspondent plus aux dimensions originales, le cloître ayant été réduit en 1812 afin de permettre la construction d'un porche donnant sur la place. En 1842 il fut à nouveau réduit de moitié pour faire place à la maison de paroisse. Aujourd'hui, seules quelques plaques commémoratives, documents historiques, témoignent de l'esprit de ce temps. A cette époque il semblait en effet souhaitable de perpétuer les bienfaits des défunts afin qu'ils servent d'exemple aux futures générations. Avec l'inauguration des cimetières aux abords de la ville, cette forme de commémoration disparut par elle-même.

The monastery of St. Leonard once had two cloisters: the rear or monastery cloister and the front or moat cloister. Both of them lost their significance as burial-grounds in 1825, when the Spalen Cemetery was established on the present site of the Botanical Gardens. For this reason acts prohibiting burial in the monastery cloister and the moat cloister were passed (in 1829 and 1841 respectively). The present-day cloister is no longer as large as the original one, having already been shortened in 1912 so that a 'drive could be constructed'. In 1842 its size was once again reduced by half when the curate's house was built. A number of memorial tablets, historical and cultural documents reflecting the spirit of an age, have survived in the cloister. The time strove to present deceased members of families to coming generations as examples, pointing out their achievements. As cemeteries began to be established at the outskirts of the town, this type of memorial disappeared.

Kreuzgang von St. Leonhard

Gegen Ende des 19. Jahrhunderts wurde der Marktplatz beinahe um das Doppelte vergrössert; dadurch stiess er bis gegen die heutige Stadthausgasse vor. Der bekannte Bäckermeister Singer plante dort einen grossen Bau, der 1913/14 konkrete Form annahm. Architekt Rudolf Linder legte Pläne vor, die einen grossen Baukörper vorsahen, der mit einer Front an die Stadthausgasse, mit der zweiten an den kurzen Arm der Stadthausgasse (gegen den Marktplatz) und mit der dritten Front an die Marktgasse stiess. Die Ausführung übernahmen die Architekten Emil Bercher und Ernst Eckenstein. 1916 konnte der Bau bezogen werden, der mit seiner leicht gerundeten Fassade mit der guten Gliederung gegen den Marktplatz noch heute einen imposanten Abschluss bildet. Zwanzig Jahre älter ist der Bau des neobarocken ‹Markthofs›, dessen Besonderheit die beiden Rundtürmchen ausmachen. Jahrelang, etwa von 1968 bis 1977, wurde um den allfälligen Abbruch gestritten, bis ein Volksentscheid diesen Vorschlag verwarf. Der Grosse Rat hat beide Bauten der Schutzzone zugewiesen.

Vers la fin du XIXe siècle, la place du Marché fut agrandie de presque sa moitié. Dès lors elle s'étendit jusqu'à l'actuelle Stadthausgasse. Le maître pâtissier et boulanger Singer forma alors le projet d'y construire un grand bâtiment, projet qui se concrétisa dans les années 1913/14. L'architecte Rudolf Linder conçut les plans, proposant une grande bâtisse à trois façades dont une donnerait sur la Stadthausgasse, à l'arrière, la seconde sur le court embranchement de cette même rue débouchant sur la place du Marché, et la troisième sur la rue du Marché. L'exécution en fut confiée aux architectes Emil Bercher et Ernst Eckenstein. En 1916, la maison était prête. De par sa façade bien proportionnée et légèrement arondie, elle est aujourd'hui encore une des composantes essentielles de la place du Marché. Plus vieux de vingt ans, le ‹Markthof›, de style néo-baroque et caractérisé par ses deux tourelles, fut pendant des années l'objet d'une controverse qui dura de 1968 à 1977. Il était question de le démolir mais le vote populaire rejeta cette proposition. Depuis, le Grand Conseil a mis les deux bâtiments sous protection.

Towards the end of the 19th century the Market Square was enlarged to nearly twice its size, so that it stretched to the present-day Stadthausgasse. Singer, a well-known baker, planned a building there, which took on concrete shape in 1913/14. Architect Rudolf Linder drew up plans for a large building with one façade towards Stadthausgasse, the second facing the short arm of Stadthausgasse (towards the Market Square) and the third facing Marktgasse. Architects Emil Bercher and Ernst Eckenstein supervised the construction. And in 1916 the building was ready to be moved into. The façade was slightly rounded off and very well proportioned; it still forms an imposing boundary to the Market Square. The neo-baroque 'Markthof', with its two round towers, is twenty years older. For nearly ten years (from about 1968 to 1977) there was a dispute as to whether the buildings should be pulled down, but the proposal was finally defeated in a referendum. The Town Council has designated both buildings as conservation areas.

‹Singerhaus› und ‹Markthof›

Das Bild der Freien Strasse wandelt sich unaufhaltsam; die zahlreichen Neubauten verdrängen die Häuser, die Ende des 19. Jahrhunderts entstanden sind. Der überall gültige ‹internationale Stil› gewinnt immer mehr an Bedeutung. Schon vor Jahrzehnten hat die Wandlung eingesetzt, als beinahe in allen Verkaufsläden an der Freien Strasse im Erdgeschoss und oft auch in der ersten Etage neuzeitliche Umbauten erfolgten, welche das ehemalige Bild empfindlich veränderten. Die Inhaber der Geschäfte fühlten sich verpflichtet, ‹mit der Zeit zu gehen›. Da bekannterweise der Käufer nur in der Horizontalen blickt, betrachtet er nur die luxuriösen Auslagen in den Schaufenstern, beachtet aber die oberen Stockwerke kaum, welche noch den alten Zustand zeigen. Durch diese Zwitterlösung entsteht eine Diskrepanz, wofür das Haus Grauwiler ein typisches Beispiel war.
(abgebrochen 1978)

La Freie Strasse (rue Franche) est l'objet de transformations constantes, les constructions modernes étant toujours plus nombreuses à venir supplanter les maisons de la fin du XIXe siècle. Le ‹style international› y règne de plus en plus. Cette évolution s'amorça déjà il y a quelques décennies lorsque presque tous les magasins de la rue Franche modernisèrent leurs immeubles au rez-de-chaussée et parfois également au premier étage. Et ces changements modifièrent sensiblement le visage de la rue. Evidemment les propriétaires de magasins s'étaient sentis obligés de ‹marcher avec le progrès›. Ainsi l'acheteur qui porte son regard – à l'horizontale – sur les étalages luxueux, ignore souvent les étages supérieurs des immeubles qui, eux, ont conservé leur aspect traditionnel. La maison Grauwiler offre un exemple typique de ce genre d'anachronisme.
(démolie en 1978)

Freie Strasse is in the midst of relentless change; modern buildings are replacing 19th century ones, the ubiquitous 'international style' is gaining ever greater importance. The transformation began decades ago, when nearly all the shops in Freie Strasse began renovating their ground floors and in many cases their first storeys according to modern principles, causing a drastic alteration in the appearance of the street. The owners of the shops felt obliged to 'go with the times'. As shoppers tend to look about horizontally, they see only the luxurious window displays, hardly taking notice of the upper storeys, which retain their original aspect. The result of this half-hearted compromise is a discrepancy which the Grauwiler building was a typical example of.
(pulled down in 1978)

Freie Strasse 53, Haus Grauwiler

1904 wurde das ehemalige Haus ‹Zum Kemphen› (später ‹Zum Kempfen›) abgebrochen; dieses war ein einfaches viergeschossiges Bürgerhaus. Nach den Plänen des Architekten Leonhard Friedrich entstand ein Neubau im sogenannten ‹Jugendstil›, der heute wieder sehr geschätzt wird. Im ‹Basler Jahrbuch 1905› findet sich über den damaligen Neubau folgende Notiz: ‹In der Freien Strasse ist nur ein Neubau zu verzeichnen. Auf der nur 6 Meter breiten Strassenfront der Liegenschaft Nr. 69 sehen wir eine Fassade, deren untere Hälfte durch eine grosse bogenförmige Montre ausgefüllt wird. Dem in einfachen modernen Formen ausgeführten, mit einem flachen Giebel und darüber liegender Altane gekrönten oberen Teil verleiht die Anwendung von farbigen, glasierten Fliesen einen besonderen Schmuck.› Diese Fliesen aus blau-weissen quadratischen Plättchen sind verschwunden. Besonders bemerkenswert sind die wellenförmigen Gesimse, die kannelierten Pilaster mit dem Muschelkapitell und die Kastanienblattmotive, welche das Schriftband abschliessen.

Discrète, bourgeoise et comprenant quatre étages, l'ancienne maison ‹Zum Kemphen› (puis ‹Zum Kempfen›) fut démolie en 1904. L'architecte Léonard Friedrich livra les plans de la nouvelle bâtisse exécutée dans le style 1900, qui est à nouveau fort apprécié de nos jours. Dans le ‹Basler Jahrbuch 1905› (Livre annuel de la ville de Bâle 1905) on trouve la mention suivante à son sujet: ‹La rue Franche ne comporte qu'un seul bâtiment neuf. La façade de l'immeuble no 69, large de six mètres seulement, comprend une devanture dont la voûte recouvre la moitié inférieure de la façade. D'une forme sobre et moderne, la partie supérieure, composée d'un pignon plat surmonté d'un balcon, est particulièrement mise en valeur par l'utilisation de carreaux glaçurés et colorés.› Ces carreaux quadrangulaires bleus et blancs ont disparu aujourd'hui. Notons en particulier les corniches ondulées, les pilastres cannelés surmontés de chapiteaux en forme de coquille ainsi que les motifs de feuilles de châtaigner entourant l'enseigne.

In 1904 the 'Zum Kemphen' (later 'Zum Kempfen') house was pulled down; it was a simple, four-storey burgher house. A new building in the socalled 'Jugendstil' (art nouveau) style, which has regained popularity again today, was built on the site according to architect Leonhard Friedrich's plans. The following note can be found about it in the 'Basler Jahrbuch 1905' (1905 Basle Yearbook): 'There is only one new building in Freie Strasse. The lower half of the merely 6-metre-wide façade (of Freie Strasse 69) facing the street is taken up by a window in the shape of a curved arch. The upper part, which has been executed in simple, modern forms and is crowned by a flat gable with balcony above, has colourful glazed tiles as special decoration.' These tiles, composed of smaller blue and white squares, have disappeared. The undulating moulding, the fluted pilasters, the capitals with shell-motifs and the chestnut-leaf motifs bordering the inscription are especially noteworthy.

Das Haus ‹Zum Kempfen›
an der Freien Strasse

Auch der oberste Abschnitt der Freien Strasse hat in den letzten Jahrzehnten starke Wandlungen erfahren. Dem luxuriös ausgestatteten ‹Cinéma Scala› (Nr. 89) mussten verschiedene kleine Bürgerhäuser weichen, die den zur Rechten des Kinos anschliessenden ‹Grünenstein› (Nr. 93), ‹Zur Bernau› (Nr. 95) und ‹Zum Kupferberg› (Nr. 97) ähnlich sahen. Hier wohnten mehrheitlich dem früher gegenüberliegenden Spital zinspflichtige Handwerker. 1842 wurde das Spital ‹An den Schwellen› aufgehoben und in den ‹Markgräflerhof› an der Hebelstrasse verlegt; an derselben Stelle steht heute das Musikhaus Hug. – Diese bescheidenen Häuser an der oberen Freien Strasse schmiegten sich in sanftem Bogen dem gegebenen Gelände an. Reizvoll waren vor allem die alten Dächer, die noch etwas typisch Kleinstädtisches zeigten.
(zum Teil abgebrochen 1964)

La partie supérieure de la rue Franche n'a pas été épargnée elle non plus. Cédant la place au luxueux ‹Cinéma Scala› (no 89), plusieurs petites maisons bourgeoises du genre de celles se trouvant en-dessus de ce cinéma disparurent; ainsi les maisons ‹Zum Grünenstein› (no 93), ‹Zur Bernau› (no 95) et ‹Zum Kupferberg› (no 97). Elles étaient autrefois la demeure d'artisans tributaires de l'hôpital qui se trouvait en face. En 1842 cet hôpital, ‹An den Schwellen›, fut abandonné et transféré au ‹Markgräflerhof›, à la Hebelstrasse. A sa place se trouve aujourd'hui le magasin de musique Hug. – Les petites maisons discrètes du haut de la rue Franche s'adaptaient parfaitement à la configuration légèrement recourbée du terrain. Et les vieux toits donnaient à cet endroit le charme typique des petites cités d'autrefois.
(partiellement démolies en 1964)

The uppermost part of Freie Strasse, too, has undergone significant changes in the last few decades. Various small burgher houses have had to give way to the luxurious 'Cinema Scala' (No. 89); they had resembled the houses directly to the right of the cinema – 'Grünenstein' (No. 93), 'Zur Bernau' (No. 95) and 'Zum Kupferberg' (No. 97). In former times the majority of the people living in these houses were artisans who paid their rent to the hospital across the road. In 1842 the hospital 'An den Schwellen', the site of which Hug Music stands on today, was moved to the 'Markgräflerhof' in Hebelstrasse. These modest houses in upper Freie Strasse used to nestle in the soft curve of the terrain; their old roofs, which still had something of the typical small town about them, were particularly attractive.
(partly pulled down in 1964)

Das Haus ‹Zum Sodeck› war der erste Eisenbetonbau in Basel, der nach dem System des Belgiers François Hennebique erstellt wurde. Verantwortlich für den Bau zeichnete Architekt Rudolf Linder, für die Gestaltung der von niederländischem Neobarock beeinflussten Fassade Architekt Adolf Visscher van Gaasbeck. Bemerkenswert ist, dass die Steine der Fassade im Eisenbeton verankert wurden. An der 37. Jahresversammlung des ‹Schweizerischen Ingenieur- und Architekten-Vereins› in Basel im Jahre 1897 erregte der eben fertig erstellte Bau grösstes Aufsehen. – An gleicher Stelle steht heute ein modernes Geschäftshaus.
(abgebrochen 1976)

Construite d'après le système du Belge François Hennebique, la maison ‹Zum Sodeck› fut le premier bâtiment en béton armé de Bâle. Les architectes Rudolf Linder et Adolf Visscher van Gaasbeck se partagèrent les responsabilités: le premier en assuma la construction et le second créa la façade dans un style inspiré du néo-baroque hollandais. Fait remarquable, les pierres de la façade furent ancrées dans le béton armé. Lors de la 37e assemblée annuelle de la ‹Société suisse des ingénieurs et architectes›, tenue à Bâle en 1897, le nouveau bâtiment qui venait d'être terminé fit sensation. – Aujourd'hui nous trouvons à l'emplacement de la maison ‹Zum Sodeck› une maison de commerce moderne.
(démolie en 1976)

The 'Zum Sodeck' building was the first reinforced concrete construction in Basle and was built according to the Belgian François Hennebique's system. Rudolf Linder was the architect responsible for the construction and Adolf Visscher von Gaasbeck the one responsible for the design of the façade, with its Dutch, neo-baroque influence. A noteworthy feature of the building is that the stones of the façade were anchored in the reinforced concrete. When the 'Swiss Association of Civil Engineers and Architects' held its 37th annual conference in Basle in 1897, the building, which had just been finished, created quite a sensation. Today a modern office building stands on the site.
(pulled down in 1976)

Haus ‹Zum Sodeck›
an der Freien Strasse

Dem leicht gebogenen Verlauf der Bäumleingasse schmiegt sich sehr harmonisch das langgezogene Gerichtsgebäude an. Dieser in den Jahren 1859/60 entstandene Bau in florentinisch beeinflusster Neorenaissance ist ein Werk des Architekten J. J. Stehlin d. J., der u. a. auch die Hauptpost, den Musiksaal, das Stadttheater und die Steinenschule geschaffen hat. – An der Einmündung der Bäumleingasse in die Freie Strasse steht ein grosser Baum, welcher der Gasse den Namen gibt; heute ist es eine Platane, in früherer Zeit befand sich dort eine Linde. Hinter dem ‹Bäumlein› erhebt sich das Haus ‹Zum Sodeck›.
(‹Zum Sodeck› abgebrochen 1976)

Tout en longueur, le bâtiment du Tribunal épouse harmonieusement le tracé légèrement courbé de la Bäumleingasse. Cet édifice, construit entre 1859 et 1860 dans un style néo-renaissance d'influence florentine, est l'œuvre de l'architecte J. J. Stehlin le Jeune, qui créa également la Poste principale, la Salle de musique, le Théâtre municipal ainsi que l'Ecole de la Steinen. – L'embouchure de la Bäumleingasse dans la rue Franche est dominée par un grand arbre auquel la rue doit son nom; aujourd'hui un platane a remplacé le tilleul d'autrefois. A l'arrière-plan du ‹Bäumlein› (ainsi que l'on nomme le Tribunal) nous apercevons la maison ‹Zum Sodeck›.
(démolition ‹Zum Sodeck›: 1976)

The elongated courthouse fits in very well with the slightly curved route of Bäumleingasse. The building, constructed in 1859/60 in the Florentine-influenced neo-renaissance style, is the work of J. J. Stehlin the Younger, the architect who also designed the Hauptpost (Main Post Office), Musiksaal (Concert Hall), Stadttheater (Municipal Theatre) and Steinenschule (Steinen School). A tall tree stands at the junction of Bäumleingasse (Little Tree Lane) and Freie Strasse, giving the street its name; today it is a plane tree, in former times it was a lime tree. The 'Zum Sodeck' building can be seen rising behind the 'Little Tree'.
('Zum Sodeck' pulled down in 1976)

Bäumleingasse

Das ‹Läckerli-Huus› an der Ecke Kohlenberg/Steinenvorstadt war für viele Basler fast zu einem Begriff geworden, denn hier, wie auch in vielen Bäckereien der Stadt, wurden und werden die eigentliche Basler Spezialität, die ‹Basler Läckerli›, zum Kaufe angeboten. Dieses Gebäck geht sogar auf das Mittelalter zurück, als es die ‹Lebkucher› herstellten. Diese verwendeten für ihre Produkte das über Venedig eingeführte fremdländische Gewürz Ingwer, das heute noch bei der Likörfabrikation und in der Parfümerie eine Rolle spielt. – Die anschliessenden Häuser, das gotische Haus mit den schönen Fenstern in der Steinenvorstadt und das Haus zur Rechten am Kohlenberg, das ein Stilgemisch des 19. Jahrhunderts darstellte, sind abgebrochen worden; heute ist das ehemalige ‹Läckerli-Huus› von hohen Bauten umschlossen. Das Haus selbst ist Sitz einer Bank geworden.
(zum Teil abgebrochen 1972)

Le ‹Läckerli-Huus› situé au bas du Kohlenberg et du Steinenvorstadt était la maison la plus renommée pour ses ‹Basler Läckerli›, une spécialité locale que l'on trouve du reste dans beaucoup de boulangeries de la ville. Ce pain d'épice remonte au Moyen Age, lorsque les ‹Lebkucher› (les faiseurs de biscômes) le préparaient en utilisant du gingembre, épice exotique que l'on importait de Venise et dont on se sert encore aujourd'hui pour la fabrication de liqueurs et de parfums. Les deux maisons qui entouraient autrefois l'immeuble du coin – du côté Steinenvorstadt une maison gothique avec de belles fenêtres et au Kohlenberg, à droite, une bâtisse réunissant plusieurs styles du XIXe siècle – ont été démolies; entouré de hauts bâtiments, l'ancien ‹Läckerli-Huus› abrite actuellement la filiale d'une banque.
(partiellement démoli en 1972)

The 'Läckerli-Huus' at the corner of Kohlenberg and Steinenvorstadt was something of a household word to many people in Basle, for there, as in many other bakeries in town, the Basle speciality 'Basler Läckerli' (a kind of gingerbread) was and is sold. The confection goes back to the Middle Ages, when it was made by 'Lebkucher' (gingerbread-bakers). For their baked goods the bakers used ginger, an exotic spice which is still employed in liqueur and perfume production today and was imported by way of Venice at the time. The neighbouring houses – the gothic houses with lovely windows in Steinenvorstadt and the house to the right on Kohlenberg, which represented the 19th century mixture of styles – have been torn down; today the former 'Läckerli-Huus' houses a bank and is surrounded by tall buildings.
(pulled down in 1972)

Ecke Kohlenberg/Steinenvorstadt

Der Einbezug des Melchior-Berri-Theaters in den neuen Schulhausbau der Steinenschule machte einen Theaterneubau nötig; Pläne und Ausführung wurden Johann Jakob Stehlin d.J. übertragen. Nach dreijähriger Bauzeit konnte das in neobarockem Stil gehaltene, für die damalige Zeit gewaltige Haus am 4. Oktober 1875 eingeweiht werden. In der Nacht vom 6. auf den 7. Oktober 1904 fiel das Theater einem Grossbrand zum Opfer. Als letzte Aufführung war die ‹Fledermaus› über die Bühne gegangen. Sozusagen ‹steingleich› wurde das Theater wiederaufgebaut durch Fritz Stehlin, den Neffen des J.J. Stehlin d.J. Die Eröffnung dieses Theaters fand am 20. September 1909 statt. – Nach dem Bau eines neuen, viel grösseren Theaters ist das alte Haus am Steinenberg am 6. August 1975 gesprengt worden; es ist hundert Jahre alt geworden.
(abgebrochen 1975)

L'intégration de l'ancien théâtre Melchior Berri dans le nouveau complexe de la Steinenschule rendait nécessaire la construction d'un nouvel édifice: les plans et l'exécution en furent donfiés à l'architecte Johann Jakob Stehlin le Jeune. Bâtiment imposant pour l'époque, le nouveau théâtre construit dans le style néobaroque fut inauguré le 4 octobre 1875. Dans la nuit du 6 au 7 octobre 1904, il fut la proie des flammes. On y jouait la Chauve-Souris. Confiée au neveu de J.J. Stehlin le Jeune, Fritz Stehlin, la reconstruction du théâtre se fit pour ainsi dire pierre par pierre et l'inauguration de cette ‹seconde édition› eut lieu le 20 septembre 1909. – Après la construction du nouveau théâtre municipal, moderne et plus vaste, on fit sauter l'ancien temple des muses au Steinenberg le 6 août 1975. Il avait vécu cent ans.

When the premises of the Melchior Berri theatre were needed for the new Steinenschule, a new theatre became necessary; Johann Jakob Stehlin the Younger was entrusted with both its planning and execution. On 4 October 1875, after a three-year construction period, the neo-baroque theatre, which was enormous for its time, could be inaugurated. During the night of the 6–7 October 1904, the theatre burnt down. The last performance there had been the 'Fledermaus'. Fritz Stehlin, J.J. Stehlin the Younger's nephew, reconstructed the theatre so that it looked virtually identical to its predecessor. This theatre was opened on 20 September 1909. The old house on Steinenberg, which had survived for 100 years, was demolished on 6 August 1975, after a new, far larger theatre had been built.
(pulled down in 1975)

Stadttheater

Auch ein kleines Haus kann seine Geschichte haben; dazu gehörte gewiss das ‹Café du Théâtre›. Die ganze Atmosphäre des ‹fin de siècle› lag über diesem Haus; es war die Ergänzung des Theaters. Französischer ‹esprit› war spürbar in der Fassade, in dem Balkon mit seinem gusseisernen Gitter; ein kleines Stück Paris. An den Wänden des Cafés hingen Photos von Künstlern, von Stars am Theaterhimmel, Bilder mit Widmungen in schwungvoller Schrift. Auch Grace Bumbry und Maria Schell beehrten das ‹du Théâtre› bei ihren Gastspielen mit ihrem Besuch. Das Orchester suchte hier nach heissen Proben ebenfalls Erholung bei Kaffee und Coca und schimpfte zeitweise über den Dirigenten. Über allem thronte der Ballettmeister, und berühmt waren die Primadonnen. Die Zeiten wandeln sich; auch sie mussten einmal ‹die Bretter verlassen, die für sie die Welt bedeuteten›. Nach dem Abbruch des alten Theaters wurde es stiller; ein Stück Theatergeschichte war zu Ende.
(abgebrochen 1976)

Les petites maisons ont leur histoire elles aussi. C'est le cas également de celle qui abritait le ‹Café du Théâtre› dont l'atmosphère ‹fin de siècle› se reflétait jusque dans son aspect extérieur. On croyait deviner un certain esprit français dans sa façade et le balcon, doté d'un parapet en fonte, lui conférait un petit air presque parisien. A l'intérieur, les murs étaient recouverts de photos d'acteurs, célébrités du monde du théâtre, dont les dédicaces couvraient parfois les portraits d'une écriture désinvolte. Ainsi le ‹du Théâtre› reçut entre autres la visite de Grace Bumbry et de Maria Schell lors de leur passage à Bâle. Il arrivait aussi qu'après certaines répétitions particulièrement astreignantes, les membres de l'orchestre viennent se désaltérer devant un café ou un coca-cola; on entendait alors parfois des remarques peu flatteuses sur le chef d'orchestre. Le maître de ballet, lui, planait au dessus de ce petit monde et les premières danseuses provoquaient des chuchotements d'admiration. Mais les temps changent. Et les danseuses elles aussi quittent un jour ‹les planches, ce monde qui représentait tout pour elles›. Après la démolition de l'ancien théâtre, l'atmosphère n'y était plus. Un épisode de l'histoire du théâtre avait pris fin.
(démoli en 1976)

Small buildings, too, may have a history; and the 'Café du Théâtre' is certainly one that does. The building, which was an annex to the theatre, lay under the spell of the 'fin de siècle' atmosphere. French 'esprit' could be felt in the façade, in the balcony with its cast-iron railing – a touch of Paris. Photographs of famous stars of the stage, pictures with dedications in sweeping handwriting, hung on the walls. Grace Bumbry and Maria Schell were among those that honoured the 'du Théâtre' with a visit when they had guest performances. After hot rehearsals the orchestra often came to relax and sometimes to rail at the conductor over coffee and soft drinks. The ballet master dominated the scene, and the prima donnas were famous. Times change, and they too left the stage. After the old theatre had been pulled down, things quieted down; a chapter of theatrical history had come to a close.
(pulled down in 1976)

‹Café du Théâtre›

Das St.-Maria-Magdalena-Kloster ‹an den Steinen› war das erste Frauenkloster Basels. Der Ort, auf den das Kloster der ‹Reuerinnen› zu stehen kam, befand sich ausserhalb der alten Stadtmauer; die vielen Kiesel am nahen Birsigufer gaben dem Kloster den Namen ‹an den Steinen›, wie der Stadtchronist Wurstisen mitteilt. Nach der Reformation von 1529 diente das Klostergebäude vielen Zwecken: Es beherbergte das Zucht- und Waisenhaus; Bestände des Staatsarchivs und der aufgehobenen Klöster wurden hier untergebracht. Ein Gebäudeteil fand Verwendung als Reitschule, und die ehemalige Klosterkirche diente als Kaserne der Stadtgarnison. 1829 erbaute dann der berühmte Architekt Melchior Berri an der heutigen Theaterstrasse das erste Stadttheater, das in seinem Umfang etwa einem Drittel des späteren Schulhauses entsprach. Nach dem Bau des grossen Theaters am Steinenberg von J.J. Stehlin wurde das alte Theater zum linken Flügel des langgestreckten Schulhauses umgebaut. 1877 konnte die Steinenschule ihrer Bestimmung übergeben werden.
(abgebrochen 1969)

Le couvent de Sainte-Marie-Madeleine, à la Steinen, était la première institution religieuse de Bâle réservée aux femmes. Ce couvent des ‹repentantes› avait été construit en dehors des anciens murs de la ville, proche du Birsig; selon le chroniqueur Wurstisen, ce sont les nombreux galets de cette rivière qui lui donnèrent le nom de ‹an den Steinen› (près des pierres). Après la Réforme de 1529, le couvent servit à de multiples fins: il abrita entre autres l'orphelinat et la prison et on y garda aussi une partie des archives de la ville et les documents des anciens couvents. D'autres bâtiments encore étaient réservés à une école d'équitation, tandis que l'église du cloître servait de quartiers aux garnisons municipales. En 1829 le fameux architecte Melchior Berri construisit à cet endroit en bordure de l'actuelle Theaterstrasse le premier théâtre municipal. Ses dimensions correspondaient environ à un tiers du futur collège. Après l'édification du grand théâtre de J.J. Stehlin au Steinenberg, l'ancienne salle fut transformée en une aile supplémentaire du long bâtiment scolaire construit entretemps. En 1877 on ouvrait la Steinenschule.
(démoli en 1969)

The convent of St. Mary Magdalene 'an den Steinen' was Basle's first convent. This 'penitents'' convent was situated outside the town walls; town chronicler Wurstisen relates that the convent received its name 'an den Steinen' (at the stones) from the gravel along the banks of the nearby Birsig. After the Reformation of 1529 the convent building served many purposes: it housed the prison and orphanage; material from the government archives and pieces from the former convent were stored there. One part of the building was used as a riding school, and the former convent-church was made into barracks for the town garrison. In 1829 the famous architect Melchior Berri built Basle's first municipal theatre in present-day Theaterstrasse; it was about one-third as large as the later school-house. Once J.J. Stehlin's large theatre on Steinenberg had been built, the old theatre was converted into the left wing of the elongated schoolhouse. The Steinenschule was opened in 1877.
(pulled down in 1969)

Steinenschule

Erst seit kurzer Zeit heisst die Abzweigung der Steinenvorstadt gegen Theaterstrasse und Klosterberg Stänzlergasse; dieser Name erinnert an die alte Standestruppe von Basel, genannt ‹Stänzler›. Diese hatten ihre Kaserne in der ehemaligen Kirche des alten Steinenklosters, das nach der Reformation allen möglichen Zwecken zugeführt worden ist. – Wir stehen auf dem sogenannten ‹Steinenbrücklein› und sehen einige Rückfassaden der Steinenvorstadt; unter uns fliesst der damals noch ungedeckte Birsig. Im Eckhaus wirkte bis zum Abbruch ein Goldschmied, und daneben, im kleinsten Häuslein, bot ein Trödler einem kauflustigen Publikum seine Schätze an. Daran schloss sich eine kleine Mauer mit Ziegeldächlein; durch einen niedrigen gotischen Torbogen gelangte man in ein winziges Höflein.
(abgebrochen 1951)

C'est un bout de rue conduisant de la Steinenvorstadt à la rue du théâtre et au Klosterberg et qui ne porte son nom que depuis peu. Il évoque les soldats de la garnison bâloise, les ‹Stänzler›. Ceux-ci avaient leurs quartiers dans l'église désaffectée du couvent de la Steinen dont on utilisait les bâtiments à des fins les plus diverses depuis la Réforme. – Nous nous trouvons sur le petit pont de la Steinen d'où l'on aperçoit les façades arrières des maisons de la Steinenvorstadt; sous nos pieds coule le Birsig dont les eaux, à cette époque, s'acheminaient encore à ciel ouvert. Jusqu'à sa démolition, la maison du coin abritait un orfèvre et à côté, dans la maison plus petite, un brocanteur offrait ses trésors aux passants. Puis il y avait un petit mur recouvert d'un toit étroit en tuiles; une porte gothique basse et voûtée permettait l'accès à une minuscule cour intérieure.
(démoli en 1951)

The street forking off Steinenvorstadt towards Theaterstrasse and Klosterberg has only recently been named Stänzlergasse, in memory of Basle's old cantonal troops, who were called the 'Stänzler'. Their barracks were in the former church of the old Steinen convent, which was used for all sorts of purposes after the Reformation. We are standing on the so-called 'Steinenbrücklein' (Little Steinen Bridge), from where we overlook the backs of some of the buildings in Steinenvorstadt; the Birsig, which used to be uncovered, flows beneath us. Until it was pulled down, the house on the corner contained a goldsmith's shop; next-door, in the smallest house, a second-hand dealer offered his treasures to interested customers. Then came a small wall with a tiled roof and a low gothic arch through which one could enter a tiny courtyard.
(pulled down in 1951)

Stänzlergasse

Die Gegend der alten ‹Thorsteinen›, wie der Name ehemals lautete, war wohlversehen mit einer grossen Zahl von Wirtschaften, die von den biedern Männern des Quartiers fleissig besucht wurden. Auch das ‹Trianon› zählte dazu. Einige Stufen führten hinunter zur Haustüre, wo durstige Gäste diskret verschwinden konnten. Das Nachbarhaus war bis zum Abbruch der Häuserreihe von einem Photographen bewohnt, der in seinem kleinen Laden alle Bedarfsartikel für Amateurphotographen feilbot und den wissensdurstigen Kunden mit grosser Sachkenntnis an die Hand ging. – Vom ehemaligen Riegelbau des ‹Trianon› stieg die Dachlinie mehrfach an, was dem kleinstädtischen Bild einen besonderen Reiz verlieh.
(abgebrochen 1954)

Le quartier autour de l'actuelle Steinentorstrasse, que l'on appelait autrefois ‹Thorsteinen›, était bien doté en restaurants et cafés fréquentés assidûment par la gent masculine de l'endroit. Le ‹Trianon› ne faisait pas exception. Quelques marches descendaient vers la porte d'entrée, permettant aux clients assoiffés de s'y introduire discrètement. Jusqu'à sa démolition, la maison voisine était habitée par un photographe qui dans sa boutique vendait tous les articles indispensables à l'amateur. De plus, il prodiguait généreusement et avec beaucoup de compétence ses conseils à tous ceux qui le lui demandaient. A partir de la bâtisse à colombages du ‹Trianon›, le niveau de la crête des toits s'élevait à plusieurs reprises, donnant un charme particulier à cette enfilade de maisons évoquant les petites cités d'autrefois.
(démoli en 1954)

The old 'Thorsteinen' area, as it used to be called, contained a goodly number of taverns, which were assiduously frequented by the respectable men of the neighbourhood; and the 'Trianon' was one of them. A few steps led down to the front door, through which thirsty customers could discreetly disappear. Until the terrace was torn down, a photographer lived in the house next-door; in his little shop he sold everything the amateur photographer needed and provided valuable information to any customers who wanted it. From the timbered 'Trianon' the line of the roofs rose several times, and this lent particular charm to the small-town atmosphere.
(pulled down in 1954)

Steinentorstrasse
Restaurant ‹Trianon›

Der ehemalige Name lautete eigentlich ‹Thorsteinen›. Bei dieser Häusergruppe befand sich vor Jahrzehnten der ‹Bahnhof› der Birsigtalbahn, die anfänglich über die Heuwaage hinaus bis zu diesem Punkt geführt wurde. Im höchsten Haus hatte längere Zeit die Polizei einen Posten eingerichtet; dazu gehörten im Hinterhaus einige Zellen für Sünder verschiedener Herkunft. Nach dem Auszug der Polizei etablierten sich dann hier mehrheitlich Coiffeure. Das daneben liegende Restaurant ‹Zum Trübel› wurde gerne von Gästen bescheidenen Standes aufgesucht. In dieser Gegend wohnten früher vorwiegend Weiss- und Pastetenbäcker, Spezierer, Metzger, Weinbauern und Güterfuhrhalter. Das äusserste Haus zur Rechten war Sitz der Bäckerei des ‹Heiri Abt› mit dem bekannten Restaurant ‹Dézaley› im ersten Stock.
(abgebrochen 1967/68)

En réalité, la rue portait autrefois le nom de ‹Thorsteinen›. C'est à la hauteur du pâté de maison représenté qu'on avait établi la ‹gare› du train du vallon du Birsig, dont le tracé traversait alors la ‹Heuwaage› jusqu'à cet endroit. Dans la plus haute des maisons, la police avait installé un poste comprenant également quelques cellules pour les malfaiteurs de tout acabit. Après le départ des forces de l'ordre, l'immeuble fut principalement occupé par des coiffeurs. A côté, le restaurant ‹Zum Trübel› (au Raisin) était fréquenté par des gens de condition modeste. Autrefois tout ce quartier était habité par des boulangers spécialisés dans la fabrication de pâtés, de biscuits et de pains blancs, puis par des marchands d'épices, des bouchers, des vignerons et des voituriers. Dans la dernière maison, au bout de la rangée, à droite, on trouvait la boulangerie de ‹Heiri Abt› avec, au premier étage, le fameux restaurant ‹Dézaley›.
(démoli en 1967/68)

Steinentorstrasse used to be called 'Thorsteinen'. Decades ago, when the Birsigtalbahn (Birsig Valley Line) used to lead past Heuwaage to this point, its 'station' was situated near this group of buildings. For some time there was a police station in the tallest building; there were a few cells for various types of offenders in the rear house. When the police moved out, it was mainly hairdressers that moved in. The 'Zum Trübel' restaurant next-door was popular among people of modest means. The neighbourhood used to be inhabited predominantly by bakers, pastrycooks, grocers, butchers, vintners and carters. The house on the far right was the premises of the 'Heiri Abt' bakery, with the 'Dézaley' restaurant on the first floor.
(pulled down in 1967/68)

Steinentorstrasse

Das Bild zeigt die Rückseite des Winkels Elisabethenstrasse/Sternengasse. Die grossen Gebäude zur Rechten mit dem breiten Dach gehören zur Kartonagenfabrik Kestenholz, das spitzgieblige Dach vor dem Elisabethenturm ist ein Teil des einzigen in diesem Gebiet stehengebliebenen Hauses, nämlich des Sitzes der Schweizerischen Zollverwaltung (Zollkreisdirektion 1). Die Elisabethenkirche, eine Stiftung des grossen Wohltäters Christoph Merian, ist der erste reformierte Kirchenbau nach der Reformation in Basel. Er ging aus einem Wettbewerb hervor; eingereicht wurden 16 Projekte. Der Entwurf stammt von Ferdinand Stadler, die Ausführung leitete Christoph Riggenbach. Nach beinahe achtjähriger Bauzeit war die Kirche 1865 vollendet; sie ist der beste neugotische Kirchenbau von Basel. Der hohe Turm bildet eine wesentliche Dominante in der Silhouette des Stadtbildes und stellt einen schönen Gegensatz zu den Münstertürmen dar, die hier über das Dach der Fabrik grüssen.
(abgebrochen 1955/56)

L'image montre l'angle formé par l'Elisabethenstrasse et la Sternengasse (rue des Etoiles), vu de derrière. A droite, les bâtiments spacieux aux grands toits, font partie de l'entreprise de cartonnage Kestenholz, tandis que le toit pointu que nous voyons par devant la tour de Sainte-Elisabeth appartient à l'unique maison ancienne ayant subsisté à cet endroit, c'est-à-dire le siège de l'Administration fédérale des douanes (Direction de district no 1). L'église Sainte-Elisabeth, une donation du généreux bienfaiteur Christoph Merian, fut la première église réformée à être construite à Bâle depuis l'avènement de la Réforme. Elle fit l'objet d'un concours auquel participèrent 16 candidats. On choisit le projet de Ferdinand Stadler, alors que l'exécution en fut confiée à Christoph Riggenbach. Après une durée de huit ans, les travaux s'achevèrent en 1865. C'est le meilleur édifice religieux néo-gothique de Bâle. Dans la silhouette de la cité, la haute tour constitue un point dominant et forme un heureux contraste avec celle de la cathédrale que l'on voit ici, dépassant du toit de la fabrique.
(démoli en 1955/56)

This picture shows the corner of Elisabethenstrasse and Sternengasse from the back. The large, broad-roofed buildings on the right belong to Kestenholz, a carton factory; the roof with pointed gables in front of the spire of the Elisabethenkirche (Church of St. Elisabeth) is part of the offices of the Swiss Customs Authority (Zollkreisdirektion 1), the only building in this area which has survived. The Elisabethenkirche, a gift of the philanthropist Christoph Merian, was the first Protestant church built in Basle after the Reformation. It was the result of a competition in which 16 projects were handed in. The church was designed by Ferdinand Stadler, the construction supervised by Christoph Riggenbach. The church was completed in 1865, after a construction period of nearly eight years; it is Basle's finest neo-gothic church. The tall spire is a striking feature of Basle's skyline, forming an effective contrast to the steeples of the Münster (Minster), which can be seen above the roofs of the factory here.
(pulled down in 1955/56)

Rückseite Elisabethenstrasse/Sternengasse

Die ehemals schmale Sternengasse verlief im rechten Winkel zur Aeschenvorstadt weit zurück, knickte bei der Turnhalle der ‹Freien Evangelischen Schule› und den alten Gebäuden der Kartonagenfabrik Kestenholz ab und endete in der Elisabethenstrasse. Unser Bild lässt diesen erwähnten Winkel erkennen, und zwar von der Rückseite her. Das grosse Dach zur Linken gehört zu den ‹Kestenholz-Häusern›, das niedrige Dach daneben ist ein Teil der ‹Freien Evangelischen Schule›. Das winterliche Bild zeigt im Vordergrund ein kleines Stück des Turnhalledaches und den Turnhof des Mathematisch-Naturwissenschaftlichen Gymnasiums, im Mittelgrund einige Gartenhäuser und Häuslein und weit im Hintergrund den Hügel des Käferholzes. Heute ist das ganze Gebiet neu überbaut, zum Teil durch das Realgymnasium und durch hohe Geschäfts- und Wohnhausblöcke.
(abgebrochen 1955/56)

Jadis plus étroite qu'aujourd'hui, la Sternengasse formait un angle droit avec la Aeschenvorstadt et s'en éloignait considérablement, jusqu'à la hauteur de la salle de gymnastique de l'Ecole évangélique libre et des anciens bâtiments de la fabrique de cartonnage Kestenholz; là, elle tournait à droite pour aller déboucher sur l'Elisabethenstrasse. Notre image montre précisément cet angle, vu de derrière. Le grand toit, à gauche, fait partie des ‹immeubles Kestenholz›, et le toit bas, à côté, de l'Ecole évangélique libre. Au premier plan nous avons une petite partie du toit de la salle de gymnastique et la cour attenante du Gymnase scientifique; au milieu, quelques pavillons et maisonettes de jardinage et, dans le fond, la colline du ‹Käferholz›. Tout cet espace est aujourd'hui recouvert d'immeubles modernes, dont le gymnase (Realgymnasium) et des blocs locatifs et d'entreprises commerciales.
(démoli en 1955/56)

The once narrow Sternengasse used to stretch far back, running perpendicular to Aeschenvorstadt, curving sharply at the gymnasium of the 'Freie Evangelische Schule' (Free Protestant School) and the old buildings of the Kestenholz carton factory and ending at Elisabethenstrasse. The bend that has just been mentioned can be seen from the back in this picture. The large roof at the left belongs to the Kestenholz buildings, the low roof next to it is part of the 'Freie Evangelische Schule'. This winter scene has a bit of the roof of the gymnasium and the playground of the Mathematisch-Naturwissenschaftliches Gymnasium (mathematically/scientifically oriented grammar school) in the foreground, several little allotment sheds and houses in the central area and the Käferholz Hill in the very background. The whole area is now covered with new buildings, partly by the Realgymnasium (language oriented grammar school) and partly by high-rise flats and office buildings.
(pulled down in 1955/56)

Rückseite der Sternengasse

Mit dem Abbruch des Hauses Lautengartenstrasse Nr. 7 ist eine der letzten Villen aus der Zeit vor und während des Ersten Weltkriegs verschwunden. 1916 konnte dieser Bau, der wohl eine der spätesten Villen dieser Art darstellt, vom Bauherrn Egon Vischer bezogen werden; noch allerletzte Anklänge an Neobarock waren spürbar, womit die grosse Beliebtheit dieser Stilart bis ins 20. Jahrhundert hinein einmal mehr bewiesen ist. In den letzten Jahren hat das schön proportionierte Haus dreimal die Hand gewechselt; es ist nur 61 Jahre alt geworden. – Laut Grossratsbeschluss ist die Strasse von der St.-Alban-Vorstadt, ‹Beim Goldenen Löwen›, bis zur Lautengartenstrasse verlängert worden. An die Stelle der Villa ist ein grosser Block mit vielen Wohnungen getreten; dieser Trakt zieht sich bis gegen den ‹Goldenen Löwen›.
(abgebrochen 1977)

Avec la démolition du no 7 de la Lautengartenstrasse disparut, après 61 ans seulement d'existence, une des dernières villas de l'époque d'avant-guerre et de la Première Guerre mondiale. Cette maison – sans doute une des dernières de son genre – fut construite par le maître d'œuvre Egon Vischer qui s'y installa en 1916. Elle comportait encore quelques dernières réminiscences du style néo-baroque, ce qui prouve une fois de plus la popularité de ce style jusqu'au XXe siècle. Au cours des dernières années, cette villa bien proportionnée changea de mains trois fois de suite. – Sur décision du Grand Conseil, la rue partant du faubourg Saint-Alban, à la hauteur du ‹Lion d'or›, fut prolongée jusqu'à la Lautengartenstrasse. Aujourd'hui l'endroit est occupé par un grand bloc locatif; ce bâtiment s'étend jusqu'à proximité du ‹Lion d'or›.
(démolie en 1977)

With the demolition of the house at Lautengartenstrasse 7, one of the last villas dating from the time before and during the First World War disappeared. The villa, probably one of the last of its kind, was ready to be moved into by its owner Egon Vischer in 1916; the very last traces of neo-baroque tendencies were still perceptible in it, which once again proves the great popularity of this style up to the early 20th century. The well-proportioned house changed hands three times in recent years and only survived to become 61 years old. As a result of an act of the Town Council, the street was lengthened from St.-Alban-Vorstadt 'Beim Goldenen Löwen' (at the 'Golden Lion' house) to Lautengartenstrasse. A large block of flats now stands on the site of the former villa, extending almost as far as the 'Goldener Löwe'.
(pulled down in 1977)

‹Vischersche Villa›
an der Lautengartenstrasse

Eines der besten und schönsten Werke, die der berühmte Architekt Melchior Berri geschaffen hat, war das 1844/45 in reinem klassizistischem Stil erbaute Haus Lautengartenstrasse Nr. 23. Über allem lag der Hauch von Harmonie, Eleganz und vornehmer baslerischer Zurückhaltung. – Johann Rudolf Forcart-von Gentschik, der Bauherr, war wie sein Vater und Grossvater Teilhaber der Seidenbandfabrik Forcart-Weis und Burckhardt-Wildt, die ihren Sitz im nahen Württembergerhof hatte (an der Stelle des heutigen Kunstmuseums). Zum Forcartschen Haus gehörte ein grosser Garten mit prächtigen Bäumen, der sich bis zur Malzgasse ausdehnte. Die Fläche des Hauses und des weiten Gartens ist heute zum grössten Teil überbaut durch den grossen Block eines Architekturunternehmens.
(abgebrochen 1972)

Construite en 1844/45, la maison no 23 de la Lautengartenstrasse, d'un pur style classique, était une des meilleures et plus belles œuvres de l'architecte réputé Melchior Berri. Elle respirait l'harmonie et l'élégance tout en reflètant une distinction un peu réservée et bien bâloise. – Tout comme son père et son grand-père, le propriétaire, Johann Rudolf Forcart-von Gentschik, était associé de la fabrique de rubans de soie Fortcart-Weis et Burckhardt-Wildt dont le siège se trouvait au Württembergerhof non loin de là (à l'emplacement de l'actuel Musée des beaux-arts). La maison Forcart était entourée d'un grand jardin ombragé d'arbres magnifiques s'étendant jusqu'à la Malzgasse (rue du Malt). La surface de la maison et du jardin est aujourd'hui presque entièrement occupée par un grand bloc appartenant à une entreprise d'architecture.
(démolie en 1972)

The house at Lautengartenstrasse 23, which Melchior Berri built in a pure classicistic style in 1844/45, was one of the architect's finest and most beautiful achievements. There was an aura of harmony, elegance and typical Basle refinement about it. Like his father and grandfather before him, Johann Rudolf Forcart-von Gentschik, for whom the house was built, was a partner in the Forcart-Weis and Burckhardt-Wildt silk ribbon factories, which were situated in the nearby Württembergerhof (on the site of the present-day Museum of Fine Arts). The Forcart house possessed a large garden with magnificent trees, which extended as far as Malzgasse. A large building belonging to a firm of architects now covers most of the land on which the house and garden stood.
(pulled down in 1972)

Lautengartenstrasse

Bis wenige Monate vor dem Abbruch war dieses grosse, schön proportionierte Haus im Besitz des Monsieur Pierre Pobé, des Konsuls von Belgien, der hier wohnte und eine Anzahl Räume der insgesamt 32 Zimmer für seine amtlichen Funktionen gebrauchte. Erbaut wurde es 1879 durch den Architekten Leonhard Friedrich in florentinischem Neorenaissance-Stil. Das Haus war in der Strassenflucht eine bedeutende Dominante und ein wohltuender Akzent. Käufer der Liegenschaft wurde die Versicherungsgesellschaft ‹Patria›, die an gleicher Stelle ein Bürohaus errichtete; städtebauliche Gesichtspunkte und Fragen der Wohnlichkeit sind rein wirtschaftlichen Überlegungen untergeordnet worden. Auch hier verändert sich der Charakter eines ehemaligen Wohngebiets immer mehr, es wird ein Bürogebiet.
(abgebrochen 1975)

Peu de mois avant sa démolition, cette grande maison bien proportionnée était encore la propriété de M. Pierre Pobé, consul de Belgique; elle lui servait de demeure et il exerçait ses fonctions officielles dans quelques-unes des 32 pièces aménagées à cet effet. Construite en 1879 dans le style néo-renaissance d'influence florentine, la maison était l'œuvre de l'architecte Léonard Friedrich. Dans la perspective de la rue, sa présence constituait un élément dominant et agréable à l'œil. L'acheteur, la société d'assurances ‹Patria›, fit démolir la villa pour la remplacer par un immeuble contenant ses bureaux; une fois de plus, les critères en matière de conception architecturale de la ville et de qualité de l'habitat furent sacrifiés à des raisons d'ordre purement économique. Ainsi, cédant la place à des bureaux commerciaux, ce quartier lui aussi change de plus en plus rapidement de caractère.
(démolie en 1975)

Until a few months before it was torn down, this spacious, well-proportioned house belonged to Monsieur Pierre Pobé, the Belgian consul, who lived there and used several of its 32 rooms for official duties. The house was built in the Florentine neo-renaissance style in 1879 by architect Leonhard Friedrich. It constituted a dominating factor in this straight road, setting a welcome accent there. The property was purchased by the 'Patria' Insurance Company, which had an office building constructed on the site, architectural aspects and questions of livableness having been subordinated to purely economic considerations. Here, too, a formerly residential area is undergoing continuous change and being transformed into a commercial area.
(pulled down in 1975)

‹Pobé-Villa›
an der St.-Alban-Anlage

Die Villen im Gellertquartier stammen zum grossen Teil aus der Mitte und der zweiten Hälfte des 19. Jahrhunderts; folglich lassen sich auch die in jener Zeit üblichen Stile ablesen. Sehr gerne stützte man sich auf Neobarock und klassizistischen Stil. Der ‹Lothringerhof› ist ein Sonderfall, denn hier fühlte man deutlich fremden Einfluss. Der Erbauer, Bankier Alfred Sarasin, war ein weitgereister Herr, der auch in Indien an Elefantenjagden teilnahm und sich stark von indischer Kultur beeinflussen liess. So überwies er später seine wertvolle indische Büchersammlung der Universitätsbibliothek. Die Tatsache, dass sein Haus deutlich Formen aufwies, die auf indischer Baukunst fundierten, führte dazu, dass gewisse Basler des Alban- und Gellertquartiers der Villa prompt den Namen ‹Elefantenhaus› anhängten. Mit dem eigentlichen Namen ‹Lothringerhof› wollte der Bauherr daran erinnern, dass die Sarasin einst aus Lothringen nach Basel eingewandert waren. – Schon ist der Gartenzaun weggeräumt; der Abbruch beginnt.
(abgebrochen 1954)

Les villas du quartier du Gellert datent pour la plupart de la seconde moitié du XIXe siècle; on y rencontre donc tous les styles pratiqués à cette époque, parmi lesquels on préférait le néo-baroque et le classique. Le ‹Lothringerhof› dont le caractère étranger était évident, faisait exception. Le banquier Alfred Sarasin, responsable de sa construction, avait en effet beaucoup voyagé; il avait participé à des chasses à l'éléphant en Inde, pays dont la culture l'avait d'ailleurs beaucoup influencé. Plus tard il devait léguer sa précieuse collection d'écrits indiens à la Bibliothèque universitaire. Visiblement empruntée à l'architecture indienne, la conception de la villa incitait certains Bâlois du quartier Saint-Alban et du Gellert à lui octroyer le nom de ‹maison des éléphants› (en analogie au bâtiment des éléphants du Jardin zoologique). Avec le nom de ‹Lothringerhof› le propriétaire, maître d'œuvre, entendait rappeler que les Sarasins, immigrés à Bâle, étaient venus de Lorraine. – La clôture du jardin a déjà disparu; la démolition commence.
(démolition 1954)

The majority of villas in the Gellert area date back to the mid- and late 19th century; consequently the style prevalent at the time can be deduced from them. The neo-baroque and classicistic styles were often employed, but the 'Lothringerhof' was an exception, evincing a clearly recognizable foreign influence. The banker Alfred Sarasin, who had it built, travelled a great deal; he had taken part in elephant hunts in India and had allowed himself to be influenced greatly by Indian culture. He bequeathed his valuable Indian book collection to the University library. Because the house exhibited formal aspects that were obviously based on Indian architecture, certain Bâlois in the Alban and Gellert area promptly christened the villa 'Elephant-House'. Sarasin had intended the real name of the house, 'Lothringerhof', as a reminder of the fact that the Sarasins had originally emigrated to Basle from Lothringen (Lorraine). The fence round the garden is already gone, the demolition has begun.
(pulled down in 1954)

‹Lothringerhof›
an der Langen Gasse

Die Engelgasskapelle ist 1882 in neugotischem Stil erbaut worden; dank der Hilfe grosszügiger Spender ist dieser Bau möglich geworden. Der Wunsch, eine Kapelle im Gellertquartier zu errichten, ging hauptsächlich von älteren Bewohnern dieses Villenviertels aus, denen der Weg bis zum Münster zu beschwerlich wurde. Die Engelgasskapelle gehörte zum festgefügten Bild der Engelgasse, die sich in den vergangenen Jahren ausserordentlich gewandelt hat. Nach 88 Jahren ihres Bestehens ist die Kapelle 1970 abgebrochen worden. Als einziges künstlerisches Element besass sie über dem Bogenfeld des Eingangs eine hübsche, aus rotem Sandstein geschaffene Rosette, die sich unauffällig in das ganze Bild einfügte. Diese wurde umfasst durch einen kräftigen Steinwulst; zwischen Rosette und Rand war, kreisförmig angeordnet, die lapidare Bauinschrift zu lesen: ‹Anno Domini MDCCCLXXXII.› – An der Stelle der ehemaligen Engelgasskapelle ist eine Alterssiedlung errichtet worden. Neben dem Eingang zum Quertrakt des Neubaus ist dieses kleine Schmuckstück zum Zeichen dankbaren Gedenkens wieder eingelassen worden.
(abgebrochen 1970)

La chapelle de la ‹rue des Anges› a été construite en 1882 dans un style néo-gothique; c'est aux généreuses donations de plusieurs bienfaiteurs qu'elle doit sa réalisation. Le désir d'avoir une chapelle dans le Gellert émanait avant tout de personnes âgées habitant ce quartier résidentiel et pour lesquelles le trajet jusqu'à la cathédrale était devenu trop pénible. La chapelle de l'Engelgasse faisait partie intégrante du visage bien défini de cette rue dont l'aspect changea fondamentalement ces dernières années. Après 88 ans d'existence, la chapelle fut démolie en 1970. Sur le tympan surmontant la porte, elle possédait, seul élément artistique, une rosette taillée dans un grès rouge qui s'intégrait discrètement au reste de la construction. Cette rosette était sertie dans un puissant anneau de pierre. Entre la rosette et l'encadrement, on pouvait lire, disposée en cercle, l'inscription lapidaire relative à la construction: ‹Anno Domini MDCCCLXXXII›. – On a construit un home de vieillards à l'emplacement de l'ancienne chapelle; la rosette, petit joyau architectural, y figure à côté de l'entrée de l'aile transversale du nouveau bâtiment, témoignant d'un souvenir reconnaissant.
(démolie en 1970)

The construction of the neo-gothic Engelgasskapelle (Engelgass-Chapel) in 1882 was made possible by generous contributions. The impetus to build a chapel in the Gellert area had come mainly from older inhabitants of this fashionable residential district, for whom the way to the Münster (Minster) was becoming increasingly difficult. The Engelgasskapelle was part of the established face of Engelgasse, which has undergone extraordinary changes in the past few years. The chapel was pulled down in 1970, after 88 years. The only artistic element it possessed was the attractive, red sandstone rosette above the arch of the entrance, which formed an inconspicuous part of the whole. The rosette was surrounded by a thick stone moulding; between the rosette and moulding there was an inscription in circular arrangement which read 'Anno Domini MDCCCLXXXII'. An old-age home now stands on the site of the old Engelgasskapelle. The small ornament has been set into the wall next to the entrance to the transverse part of the new building in grateful commemoration.
(pulled down in 1970)

Die Engelgasskapelle

Die zuletzt unter dem Namen Grossmann-Simon bekannte Villa am Rennweg ist nur 69 Jahre alt geworden; erbaut wurde sie 1902 durch den Architekten P. Köchlin-Reber. Der Abbruch erfolgte 1971. Etwas von der Strasse zurückversetzt, bot das grosse Wohnhaus, obwohl ein Stilgemisch, einen sehr schönen Anblick. Die Hauswand war aus rotem Backstein gefügt, die Fenster waren mit hellgelben Kalksteinen eingefasst, und für das hohe Dach ist der damals beliebte Schiefer verwendet worden, also ein farbig sehr wohl ausgewogener Dreiklang. Bereits längere Zeit vor dem Abbruch war das Haus, das prachtvoll vertäfelte Räume besessen hat, unbewohnt geblieben. Die geschlossenen Fensterläden liessen das Ende vorausahnen. Mit dem Verschwinden dieser Villa ist ein charakteristischer Bau der Jahrhundertwende aus dem Mosaik des einst so typisch baslerisch vornehmen Wohnquartiers ‹Gellert› herausgebrochen worden.
(abgebrochen 1971)

Portant le nom de Grossmann-Simon en dernier lieu, la villa au Rennweg ne vécut que 69 ans; elle avait été construite en 1902 par l'architecte P. Köchlin-Reber. La démolition s'effectua en 1971. Bien qu'étant un mélange de styles, la grande habitation située en peu en retrait de la rue avait belle allure. Les murs de la façade étaient en briques rouges, les encadrements des fenêtres en grès jaune clair et, pour le toit, on avait choisi de l'ardoise, très appréciée à l'époque. Le tout formait en somme un accord tricolore fort harmonieux. A sa démolition, l'édifice, dont plusieurs pièces étaient revêtues de magnifiques boiseries, n'avait plus été habité depuis un certain temps déjà. Les jalousies fermées laissaient pressentir une fin proche. Avec la démolition de cette villa, c'est une construction représentative du début du siècle qui fut arrachée à la mosaïque que constitue le ‹Gellert›, ce quartier résidentiel jadis empreint d'une distinction typiquement bâloise.
(démolie en 1971)

The villa in Rennweg which was last known under the name of Grossmann-Simon survived for only 65 years; it was built by architect P. Köchlin-Reber in 1902 and was torn down in 1971. Though exhibiting a combination of styles, this large home, set somewhat back from the street, was a lovely sight. The colour-scheme was very harmonious: the walls made of red brick, the windows bordered in light yellow limestone, and the high roof slated in accordance with the taste of the time. The house with its magnificently panelled rooms had stood empty for some time before it was pulled down – the closed shutters augured the end. With the disappearance of this villa, a typical turn-of-the-century construction was broken out of mosaic of this residential 'Gellert' district, which was once so typically Bâlois in its elegance.
(pulled down in 1971)

Rennweg

Zur Villa Grossmann-Simon gehörte ein prächtiger Park mit alten, grossen Bäumen. Heute ist der grösste Teil dieses Parks überbaut, über dem einst vor allem im Winter ein ganz besonderer Zauber lag. Zwischen den verschneiten Bäumen grüsste weit hinten das Wohnhaus mit seiner roten Fassade und den gelb umrahmten Fenstern. Über dem weissen Park und Haus lag winterliche Stille.
(abgebrochen 1971)

La villa Grossmann-Simon possédait un magnifique parc boisé d'arbres de grand âge. L'hiver l'enveloppait d'un charme particulier. Mais aujourd'hui il est partiellement recouvert de constructions. A travers les arbres anneigés, on aperçoit la demeure et sa façade rouge brique qu'ornaient les encadrements jaunes des fenêtres. Le parc et la maison tout de blanc respiraient une paix hivernale.
(démolie en 1971)

The Grossmann-Simon villa possessed a magnificent garden with huge, old trees. Today most of this garden, which used to have a particular aura of enchantment in winter, has been built over. Far in the background the house with its red façade and yellow-bordered windows could be seen through the trees. Wintery silence lay over the white garden and house.
(pulled down in 1971)

Ecke Rennweg/Grellingerstrasse

Die Ostseite des Thomas-Platter-Hauses war in ihrem Ausmass recht bescheiden, ganz im Gegensatz zur Vorder- und Rückseite, die mit ihrer grossen, angebauten Scheune beachtliche Ausmasse besass. Über dem in sich abgeschlossenen Bezirk lag zur Sommerzeit eine absolute Ruhe und ländliche Stille, die nicht fühlen liess, dass man am Rande eines Quartiers stand, das sich von Jahr zu Jahr vergrössert und verändert hat, bis vom ehemaligen Bild nur noch ganz wenig übriggeblieben ist.
(zum Teil verändert 1965)

Les dimensions de la face orientale de la maison Platter étaient très modestes, contrairement à celles de l'avant et, surtout, de l'arrière où s'appuyait la vaste grange. En été, l'enceinte renfermée sur elle-même respirait un calme campagnard ne laissant en rien deviner la proximité d'un quartier en plein essor et dont la métamorphose continuelle lui avait fait perdre presque entièrement son ancien caractère, à l'exception de quelques rares éléments.
(partiellement transformé en 1965)

The dimensions of the eastern side of the Thomas Platter House were quite modest in comparison with the front and back, which were considerable in size as a result of large, built-on granaries. The absolute peace and rural tranquillity that lay over this self-contained estate in summer kept one from realizing that one was standing at the edge of an area that was changing and growing year by year, until very little remained of its original aspect.
(partly altered in 1965)

Thomas-Platter-Haus

Die Umgebung des Thomas-Platter-Hauses hat sich in neuerer Zeit grundlegend geändert; die ehemalige ländliche Atmosphäre ist gänzlich verschwunden, und grosse Bauten sind in nächste Nähe gerückt. Es darf als Glücksfall bezeichnet werden, dass dieses historisch wertvolle Haus trotzdem erhalten geblieben ist. Das Thomas-Platter-Haus ist einer von ehemals vier grossen Landsitzen an der Gundeldingerstrasse; drei waren Wasserschlösschen. Auch das Thomas-Platter-Haus, das ‹Untere Mittlere Gundeldingen›, zählte zu diesen weit vor der Stadt gelegenen Weiherschlösschen. Der berühmteste Bewohner dieses Landguts war Thomas Platter; ehemals ein armer Geissbub, der 1537 bis zur Würde eines Rektors des Gymnasiums ‹auf Burg› aufgestiegen ist. 37 Jahre leitete er die Geschicke dieser Schule. 1582 starb er im hohen Alter von 83 Jahren auf seinem Landsitz. – Unser Bild zeigt die Rückseite des Hauses mit der grossen Scheune.
(zum Teil verändert 1965)

Ces derniers temps, l'environnement de la maison Thomas Platter a changé de manière fondamentale. Ainsi l'ancienne atmosphère campagnarde a disparu et l'on a vu surgir de grands bâtiments jusque dans son voisinage immédiat. La conservation de cette maison d'une grande valeur historique doit donc être considérée comme un heureux hasard. Jadis cet édifice était l'une des quatre résidences de campagne situées à la Gundeldingerstrasse, dont trois étaient entourées d'un étang; parmi ces dernières, la maison Thomas Platter ou le ‹bas et le moyen Gundeldingen›, comme on l'appelait alors, était donc un de ces petits châteaux entourés d'eau et situés en dehors de la cité. Le plus fameux de ses habitants fut Thomas Platter. Enfant pauvre, il avait débuté en gardant des chèvres pour avancer jusqu'au rang de recteur du gymnase ‹auf Burg›, fonctions qui lui furent confiées en 1537. Il veilla à la bonne marche de cette école pendant 37 ans. En 1582 il mourut à l'âge de 83 ans dans sa résidence de campagne. – Notre image montre l'arrière de la maison avec la vaste grange.
(partiellement transformée en 1965)

The surroundings of the Thomas Platter House have undergone a fundamental change in recent times; the once rural atmosphere has disappeared completely, and there are now large buildings situated extremely close by. We are very lucky that this historically valuable house has survived nonetheless. The Thomas Platter House is one of formerly four large country estates in Gundeldingerstrasse, three of them with moated castles. The Thomas Platter House, the 'Untere Mittlere Gundeldingen' (Lower Middle Gundeldingen), numbered among these moated castles situated far out of town. The most famous inhabitant of this manor was Thomas Platter, a former goat-boy who rose to the rank of Headmaster of the 'auf Burg' Gymnasium (grammar school) in 1537. He ran the school for 37 years and died on his manor in 1582, at the age of 83. Our picture shows the back of the house with the large granary.
(partly altered in 1965)

Das Thomas-Platter-Haus an der Gundeldingerstrasse

Dieser Bau vertritt als letzter Vertreter eine bestimmte Art Bürgerhäuser aus dem späten Mittelalter; er war ein typisches Haus für Gewerbetreibende. So wohnten hier mehrfach Weber, vor allem aber auch Fischer und Schiffer, und seit dem 17. Jahrhundert wurde es Sitz verschiedener Färbereien. 1905 kam es in den Besitz der Färberei Clavel Lindenmeyer. Später übernahm der Staat die Liegenschaft, der hier eine Pfandleihanstalt einrichtete. – Besondere Merkmale bildeten die Giebelwand mit Ziegelhut, die reiche Holzkonstruktion und die doppelbogigen Fenster, welche allerdings durch teilweise Vermauerung stark gelitten haben.
(abgebrochen 1972)

Cette bâtisse était la dernière à représenter un certain genre de maison bourgeoise de la fin du Moyen Age; c'était la demeure typique de l'artisan. Ainsi plusieurs tisserands mais surtout des pêcheurs et des bateliers l'habitèrent avant qu'elle devienne le siège consécutif de plusieurs teintureries, dès le XVIIe siècle. En 1905, la teinturerie Clavel Lindenmeyer en fit l'acquisition. Plus tard, l'Etat reprit l'immeuble à son compte et y installa un office de prêts sur gages. – Parmi les éléments particuliers de cette maison nous remarquerons le pignon surmonté d'un toit de tuile en croupe, le colombage et les fenêtres à double voûte dont une partie a malheureusement souffert d'un murage partiel.
(démolie en 1972)

This is the last representative of a particular type of late medieval burgher house; it was a typical tradesman's home. Thus several times it was inhabited by weavers, but especially by fishermen and bargees; and it became the premises of various dye-houses from the 17th century on. In 1905 it was taken over by the Clavel Lindenmeyer dye-house, and later the municipal government acquired it, establishing a pawnshop there. The gable wall with tiled roof, the elaborate wood construction and double-arched windows, which were badly damaged by partial walling-up, constituted its special features.
(pulled down in 1972)

St.-Johanns-Vorstadt Nr. 14

Recht eigenartig wirkte das Bild vom St.-Johanns-Rheinweg aus. Hoch oben hingen die beiden Holzlauben des rheinseitigen Hintergebäudes eigentlich über dem leeren Raum, denn die verschiedenen dünnen Stützen wirkten irgendwie nicht ganz funktionsgerecht. Gewiss war aber der Blick über den Rhein bis zu den badischen Hügeln ausserordentlich schön und entschädigte für die etwas anzuzweifelnde Konstruktion. Der St.-Johanns-Rheinweg ist auch heute noch eine relativ ruhige Promenade, zu der die ehemaligen Gaslaternen vorzüglich passen.
(abgebrochen 1972)

Vue du St.-Johanns-Rheinweg, la maison offrait un aspect bien singulier. Tout en haut, les deux balcons suspendus de l'arrière-maison pendaient pour ainsi dire dans le vide. Les minces poutres de soutien ne semblaient en effet pas très fonctionnelles. La vue sur le Rhin et les collines badoises auront probablement compensé les inconvénients d'une construction hasardeuse. Le St.-Johanns-Rheinweg est resté une promenade relativement tranquille jusqu'à nos jours et les anciennes lampes à gaz qui la jalonnent s'y intègrent parfaitement.
(démoli en 1972)

When observed from St.-Johanns-Rheinweg, this building looked rather odd. The two wooden bowers of the rear building facing the Rhine seemed to be suspended over empty space, for their various thin supports did not give the impression of being very functional. But the view across the Rhine to the hills of Baden (Germany) was exceptionally beautiful and compensated for the somewhat doubtful construction. St.-Johanns-Rheinweg is still quite a tranquil promenade today, the former gas-lamps suiting it perfectly.
(pulled down in 1972)

St.-Johanns-Vorstadt 14
vom St.-Johanns-Rheinweg aus

Das kleine Haus Nr. 60 ganz in der Nähe der Johanniterbrücke hat ohne Zweifel seine Gestalt mehrfach gewandelt. Bereits im 14. Jahrhundert wird es urkundlich erwähnt; weitere Berichte fehlen aber gänzlich. Die letzte Umwandlung der Fassade dürfte sich im 19. Jahrhundert, in biedermeierlicher Zeit, vollzogen haben, wofür vor allem die Fenstergestaltung des ersten Stocks spricht. Neben den grösseren und grossen Häusern seiner Umgebung wirkte es irgendwie verloren und eingeengt, wie übriggeblieben und vergessen. Besonders der zurückversetzte Neubau zur Rechten mit seiner neuzeitlichen Fenstergestaltung machte die Gegensätzlichkeit von Mass und Form besonders deutlich und liess fühlbar werden, dass die Zeit sich ständig wandelt.
(abgebrochen 1978)

La petite maison au no 60, située non loin de la Johanniterbrücke (pont des Chevaliers hospitaliers de Saint-Jean), aura sans doute changé de visage plusieurs fois au cours de son existence. Après une première mention la concernant dans un document du XIVe siècle, les indices manquent complètement. La dernière transformation de la facade remonte sans doute au XIXe siècle, à l'époque du Biedermeier, ainsi que semblent l'indiquer les fenêtres du premier étage. Coincée entre des maisons voisines plus grandes, elle avait un air perdu, presque oublié. Par ses proportions et dimensions, la maison de droite aux fenêtres modernes contrastait particulièrement, témoignant ainsi du temps qui passe.
(démoli en 1978)

The appearance of the small house at St.-Johanns-Vorstadt 60, near the Johanniterbrücke (Johanniter bridge), has doubtless changed several times. It is already mentioned in a 14th-century document; but there are no later references to it. The façade was probably last altered in the 19th century, during the Biedermeier period, the design of the first-storey windows providing the main evidence of this. It seemed somewhat lost and cramped among the larger houses in the area, as if it had been left over and forgotten. The new building set back from the street at the right made this contrast in dimension and form particularly obvious, drawing attention to the relentless way times change.
(pulled down in 1978)

St.-Johanns-Vorstadt Nr. 60

1806/07 ist dieses in seiner Art für Basel einmalige Wachhaus erbaut worden. Elegant und graziös wirken die fünf einer Halle vorgestellten Säulen mit ihren Wülsten auf den quadratischen Sockelplatten und den einfachen zarten Kapitellen; es ist romantischer Klassizismus. Der klassizistische Stil hat sich im Hausbau in Basel grosser Beliebtheit erfreut. – Nach seiner Funktion als Wachhaus verwandelte sich der kleine Bau in einen Polizeiposten, und in den ersten Jahrzehnten dieses Jahrhunderts wirkte hier ein Porzellanflicker, der ein Künstler in seinem Fache gewesen ist.

Unique en son genre à Bâle, cette maison de garde fut construite en 1806/07. Ses cinq colonnes frontales lui confèrent toute son élégance; reposant sur un socle à plaque quadrangulaire, ces colonnes entourées d'un boudin aux deux extrémités sont surmontées de chapiteaux d'une délicate simplicité; il s'agit d'un style classique romantique. Le style classique était d'ailleurs très populaire dans l'architecture bâloise. – Après avoir été maison de garde, le petit édifice fut transformé en poste de police puis, pendant les premières décennies de ce siècle, il servit d'atelier à un artisan spécialisé dans la réparation d'articles de porcelaine, passé maître dans cet art.

This guard-house, the only one of its kind in Basle, was built in 1806/07. The classicistic style in architecture was extremely popular in Basle at the time, and the romantic classicism of the five beaded columns before the porch, with their square plinths and simple delicate capitals, is very graceful and elegant. After it had been used as a guard-house, the small construction became a police station; and in the early decades of the 20th century a porcelain-repairer, an artist in his field, practised his trade there.

Die ‹Alte Wache› beim St.-Johanns-Tor

■ bestehende Gebäude
● verschwundene Gebäude
▲ teilweise veränderte Gebäude

1 Claraplatz
 2 Ecke Untere Rebgasse/Teichgässlein
 3 Ecke Untere Rebgasse/Webergasse
 4 Rebgasse
 5 ‹Tramèr-Villa›, Ecke Riehenstrasse/Rheinfelderstrasse
 6 Bauernhof am Vogelsangweg
 7 St.-Alban-Tal
 8 Petersberg
 9 Petersberg
10 Häuserwinkel am Petersberg
11 Petersgraben
12 Petersgraben
13 Rosshofgasse
14 Der ‹Rosshof› am Nadelberg
15 Imbergässlein
16 Weinstube Hunziker am Spalenberg
17 Rümelinsplatz
18 Rümelinsplatz
19 St.-Leonhards-Kirche
20 Kreuzgang von St. Leonhard
21 ‹Singerhaus› und ‹Markthof›
22 Freie Strasse 53, Haus Grauwiler
23 Haus ‹Zum Kempfen› an der Freien Strasse
24 Freie Strasse
25 Haus ‹Zum Sodeck› an der Freien Strasse
26 Bäumleingasse
27 Ecke Kohlenberg/Steinenvorstadt
28 Stadttheater
29 ‹Café du Théâtre›
30 Steinenschule
31 Stänzlergasse
32 Steinentorstrasse, Restaurant ‹Trianon›
33 Steinentorstrasse
34 Rückseite Elisabethenstrasse/Sternengasse
35 Rückseite der Sternengasse
36 ‹Vischersche Villa› an der Lautengartenstrasse
37 Lautengartenstrasse
38 ‹Pobé-Villa› an der St.-Alban-Anlage
39 ‹Lothringerhof› an der Langen Gasse
40 Die Engelgasskapelle
41 Rennweg
42 Ecke Rennweg/Grellingerstrasse
43 Thomas-Platter-Haus
44 Das Thomas-Platter-Haus an der Gundeldingerstrasse
45 St.-Johanns-Vorstadt Nr. 14
46 St.-Johanns-Vorstadt 14 vom St.-Johanns-Rheinweg aus
47 St.-Johanns-Vorstadt Nr. 60
48 Die ‹Alte Wache› beim St.-Johanns-Tor